- Reutlingen Downtown -
Herausgegeben von
enjoyReuT

enjoyReuT – so heißt unsere Schülerfirma, die wir im Rahmen
des JUNIOR – Projekts gegründet haben.
JUNIOR ist ein Projekt des Institutes der deutschen
Wirtschaft und wird auf Bundesebene durch das
Bundeswirtschaftsministerium und den Verband der Metall- und
Elektroindustrie Baden-Württemberg unterstützt. JUNIOR hilft
Schülern in ganz Deutschland eine eigene Firma zu gründen und
erste Erfahrungen im Bereich der Wirtschaft zu sammeln.
Wir - die Firma enjoyReuT – besteht aus 14 SchülerInnen aus der
Jahrgangsstufe 1 des Isolde – Kurz – Gymnasiums. Unsere Firma
haben wir in die Abteilungen Finanzen, Marketing, Redaktion
und Verwaltung gegliedert und somit hatte jeder Mitarbeiter
seine eigene individuelle Aufgabe. Aber natürlich haben alle
dazu beigetragen, dass ihr jetzt dieses Buch in den Händen
halten könnt!

Vorwort

Liebe Leserinnen und Leser,

Ihr wollt Reutlingen und die Umgebung genießen? Ihr wollt eure Freizeit aktiver gestalten? Wir zeigen euch mit „Downtown Reutlingen" genau das! „Reutlingen Downtown" ist ein Reiseführer, der von jungen Leuten für junge Leute geschrieben wurde. Wir wollen gerade den jungen Leuten und Familien zeigen, dass man Reutlingen für sich neu entdecken und man hier richtig Spaß haben kann!
Mit viel Herzblut und großem Engagement haben wir die schönsten, angesagtesten und coolsten Orte Reutlingens für euch zusammengetragen und stellen sie euch hier vor.

Wir haben unsere Ergebnisse langer Recherchen in die sieben Kategorien Natur, Kultur, Sport, Shopping, Unterhaltung, Bars & Restaurants und Party unterteilt und zeigen euch dort, wie und wo ihr eure Freizeit am Besten genießen könnt!
Wir wünschen euch viel Spaß beim Stöbern und Planen eurer Freizeit!

Euer enjoyReuT-Team

Inhaltsverzeichnis

Natur
Biosphärengebiet Schwäbische Alb
Achalm
Uracher Wasserfall
Baggersee Kirchentellinsfurt
Stadtgarten
Botanischer Garten Tübingen
Pomologie
Eninger Weide
Listhof

Kultur
Städtisches Kunstmuseum Spendhaus
Naturkundemuseum
Heimatmuseum
Feuerwehrmuseum
Landestheater Tübingen (LTT)
Theater „Die Tonne"
Naturtheater e.V
KuRT e.V.
Kunsthalle Tübingen
Kirchen in Reutlingen
Stadtmauer, Gartentor, Tübinger Tor
Engste Straße der Welt
Friedrich-List-Halle
Pfullinger Unterhose
Schloss Lichtenstein
Schloss Tübingen
Mutscheltag

Sport
Fitnesscenter
Emka Freizeitcenter
Tanzschule Werz
Tanzwerk Reutlingen
Sportplätze
Handball
Joggingstrecken
SSV Reutlingen
Walter Tigers Tübingen
Mountainbike
Skifahren auf der Alb
Haupt- und Landesgestüt Marbach
AOK Gesundheitszentrum
Achalm-Squash
Bogenschießen
Kletterpark Lichtenstein
Motocross

Shopping
A - Store
Wilhelmstraße
Industriegebiet West
Outlet - City Metzingen
Shopping - Guide Männer
Shopping - Guide Frauen
30°
S - Store
Risiko
Plattenlädle
Use Base
Maro

Unterhaltung
Veranstaltungen Reutlingen
Stadtbibliothek Reutlingen
Märkte
Tomo Bräu
Eishalle
Achalmbad
Wellenfreibad Markwasen
Echazbad
Schönbergfreibad Pfullingen
Waldfreibad Eningen
Freibad Tübingen
Alb Thermen Bad Urach
Panorama – Therme Beuren
Jugendcafé
City Bowling Reutlingen
Dream Bowl Metzingen
Planie Kino
Kino Blaue Brücke
Open Air Kino

Bars & Restaurants
Mezcalitos
Déjà-vu
Cafe Nepomuk
Salat – und Suppenbar
Pastavino
Coffreez
Eisdielen
Woody´s
Leonardo
Dolce
Piatto

La mela
Valentino
Alexandre
Zucca
Postbar
Reefs
Achalmrestaurant
Da Piero
Waldesslust
Ginza
Kohla
Africa
Neckarmüller

Party
Kulturschock Zelle e.V.
M-Park
V.I.P.
Trödler
Top10
Perkinspark
P & K
Club Karma
Penthouse
Jazz in der Mitte
Jazzkeller Tübingen
Zoo
Blauer Turm
Hausbar
FranzK.
Mensa Morgenstelle
Reinweiss

Natur

An schönen Tagen musst du nicht drinnen rumsitzen - raus mit dir! Reutlingen und auch die Umgebung haben allerhand schöne Plätzchen zu bieten, die du einfach besuchen und genießen kannst. Schnapp dir deine Freunde, dann macht es doppelt so viel Spaß draußen zu sein.

Biosphärengebiet Schwäbische Alb

Bei dem Gebiet, das sich vom Albvorland bis zur Donau erstreckt, handelt es sich um ein von der UNESCO zertifiziertes Natur-/ Umweltschutzgebiet. Das Konzept des Biosphärengebiets beinhaltet eine nachhaltige Weiternutzung der Ressourcen, um auch für zukünftige Generationen eine Lebensgrundlage zu erhalten. Denn in diesem Gebiet gibt es seltene Lebensräume von Streuobstwiesen bis hin zu Magerwiesen mit Wild-Orchideen.

Im Zentrum liegt der ehemalige Truppenübungsplatz Münsingen, auf dem sich durch die jahrelange extensive Nutzung eine schützenswerte Flora und Fauna entwickelt hat.

Für alle, die mehr darüber wissen wollen, gibt es in Münsingen das Biosphärenzentrum, in dem sie sich informieren können.

For those who are interested in more information: the information centre of the biosphere is located in Münsingen.

Von der Osten Straße 4, 6 (Altes Lager)
72525 Münsingen-Auingen

Tel.: 07381 93293810

E-Mail: biosphaerengebiet@rpt.bwl.de

Tipp

http://www.biosphaerengebiet-alb.de/

Achalm

Die Achalm ist der „Hausberg" von Reutlingen. Er ist 707 Meter hoch und ganz oben befindet sich ein Aussichtsturm, der im Sommer viele Leute anzieht. Wenn du dich aufraffen kannst und es bis nach ganz oben schaffst, bietet sich dir ein richtig cooler Blick auf Reutlingen und Umgebung. Besonders bei Nacht ist dies ein tolles Erlebnis. An schönen Sommertagen eignet sich die Achalm perfekt für ein entspanntes Picknick oder einen Spaziergang. Im Winter kannst du hier richtig klasse Schlittenfahren!
An Silvester nehmen viele Leute den Aufstieg auf sich, denn dann feiert halb Reutlingen auf der Achalm ins neue Jahr und schaut dem Feuerwerk unten in der Stadt zu.

The small mountain Achalm with its tower on the top is located directly in Reutlingen and of course everyone knows it. It's a great place to have a picnic.

Natur

- Hausberg von Reutlingen

- Zeugenberg der Schwäbischen Alb

- 707 Meter hoch

- auf der Spitze befinden sich die Reste der ehemaligen Burg

Tipp
Ideale Umgebung zum Spazieren und Entspannen

Uracher Wasserfall

Der Uracher Wasserfall befindet sich am Rande der Schwäbischen Alb. Im Sommer kann man von der Bahnhaltestelle Uracher Wasserfall den Wasserfall sehr gut zu Fuß erreichen. Oben angekommen, kann man den 37 Meter hohen Wasserfall bestaunen und tolle Fotos schießen. An der Wasserfallhütte könnt ihr euch nach dem anstrengenden Aufstieg mit Essen und Trinken versorgen. Jedoch hat diese nur von Mai bis Oktober geöffnet. Aber in den Wintermonaten ist der Wasserfall besonders eindrucksvoll, da er nach einer langen Frostperiode oft zugefroren ist. Wenn ihr mal Lust auf ein bisschen Bewegung und eine tolle Landschaft habt, dann seid ihr hier genau richtig – egal ob mit Familie oder Freunden!

The „Uracher Wasserfall" is a great place for nature lovers. When you´re into walking and watching nature this is the perfect place for you to go for a day trip.

TouristInfo
Bei den Thermen 4
72574 Bad Urach

Tel.: 07125 / 94320

- über ein steil abfallendes, bemoostes Kalktuffpolster 50 Meter hinab ins Tal

Tipp
Im Winter ist der zugefrorene Wasserfall ein absolutes Highlight!

Baggersee Kirchentellinsfurt

Es ist ein schöner Sommertag und du und deine Freunde wisst nicht, was ihr machen wollt? Oder du planst mit deiner Familie einen Ausflug? Dann packt die Badesachen ein und ab gehts an den Baggersee! Gar nicht weit weg von Reutlingen, in Kirchentellinsfurt, liegt ein toller und großer Baggersee mit viel Platz. Er ist bequem mit dem Fahrrad oder mit dem Auto über die B27 zu erreichen.

Dort angekommen könnt ihr so richtig viel Spaß haben. Egal ob ihr mit eurem Schlauchboot durch den See paddelt, eine Runde schwimmt oder euch einfach am Ufer sonnt – hier ist für jeden etwas dabei! Außerdem gibt es natürlich Grillstellen, damit ihr euren Hunger stillen könnt!

The lake promises beautiful BBQ evenings and refreshing cooling in the summer. It´s not far away from Reutlingen so it´s no problem to get there. Relax in the sun, swim in the refreshing water and have a great time with friends there.

Natur

- Die Wasserqualität wird regelmäßig von dem Gesundheitsamt Landkreis Tübingen überprüft

- Grillstellen befinden sich in der Nähe des Sees

- Hunde nicht erlaubt, sowie Zelten & Übernachten

Tipp
Der Baggersee ist eine kostenlose Alternative zum Freibad.

Stadtgarten

Der Stadtgarten in Reutlingen bietet eine super Gelegenheit sich in seiner Freizeit zu entspannen. Insgesamt ist der Stadtgarten nicht sehr groß aber übersichtlich und gemütlich. Auf dem zugehörigen kleinen Spielplatz spielen oft Kinder von der nebenan liegenden Kindertagesstätte. Die Liegewiesen werden vor allem im Sommer von Schülern des Isolde Kurz Gymnasiums zum Entspannen und Sonnen während der Mittagspause genutzt.
Ein Pavillon, in dem ihr mit euren Freunden abhängen könnt und ein Teich mit Fischen machen das idyllische Bild perfekt.

The Stadtgarten in Reutlingen is a great place to spend some time in the nature. It´s not too big and often visited by pupils of the Isolde-Kurz-Gymnasium, who spend their lunch break there, while relaxing and having a talk with friends. There is also a small playground for the little ones.

-Ecke Planie-Charlottenstraße

- ein kleiner See in der Mitte schafft eine schöne Atmosphäre zum Enspannen

- Tischtennisplatten befinden sich in der Nähe des Spielplatzes

Tipp
Eine Gitarre, der Stadtgarten und alles ist perfekt!

Botanischer Garten Tübingen

Der Botanische Garten in Tübingen ist wirklich für jeden ein wunderschöner Ort! Da er in der Nähe der Universität von Tübingen liegt, triffst du hier oft junge Leute und Studenten, welche die schönen Plätze zum Lernen oder einfach nur zum Entspannen nutzen. Und das ist mehr als verständlich, denn der Botanische Garten bietet eine sehr große Fläche mit vielen verschiedenen Klimabereichen und den dort heimischen Pflanzen. Man kann also in jeder Ecke etwas anderes und neues entdecken. Vor allem im Sommer einfach ein perfekter Ort um gemeinsam mit deinen Freunden abzuhängen!

In summer this is the absolute perfect place to relax and chill with friends. Since it is located in Tübingen you can find a lot of students and young people there, simply sitting in the sun or looking for a nice and quiet place to learn. It has got different climate areas and you can find a lot of local plants.

Natur

Hartmeyerstr. 123
72076 Tübingen

Öffnungszeiten:
Garten
Mo - Fr 7:30 - 16:45 Uhr
Sa - So 8:00 - 16:45 Uhr
Gewächshäuser
Mo - Fr 8:00 - 16:30 Uhr
Sa - So 10:00 - 16:30 Uhr

Tipp
Das Schmetterlingshaus ist sehr empfehlenswert.

Pomologie

Das ehemalige Landesgartenschau-Gelände ist heute eine schöne Parkanlage, die sehr zum Entspannen einlädt. Für die kleineren Kinder hat es zwei große Spielplätze mit allem was dazugehört: zum Beispiel für Tierliebhaber ein Exotarium mit Leguanen, Fischen, Bibern und vielen weiteren Tieren. Spazierwege, Bänke, Wasserspiele und große Wiesen bieten viel Platz für einen schönen Tag an der frischen Luft. Da direkt nebenan das Johannes-Kepler-Gymnasium liegt, trifft man hier vor allem um die Mittagszeit und nach Schulschluss viele Schüler und junge Leute . Außerdem ist die Pomologie jedes Jahr ein beliebter Platz für kulturelle Veranstaltungen wie zum Beispiel die Gartenausstellung Garden Life.

This is a quite nice place to simply relax and have a good time. Kids can have fun on 2 big playgrounds. Since the Johannes-Keppler-Gymnasium, a local high school, is located right next to it you´ll meet a lot of young people there.

- das Bienenhaus direkt neben dem Spielplatz ist beliebt

- Möglichkeit zum Pit-Pat spielen

- Wasserspiele sorgen für ein besonderes Flair

Tipp
Das Exotarium ist sehenswert.

Eninger Weide

Die Eninger Weide ist ein wunderschöner Grillplatz hinter Eningen. Perfekt für laue Sommerabende, die du entweder mit der Familie oder mit deinen Freunden verbringen und genießen willst. Für die Kleineren aus der Familie gibt es einen Spielplatz und ein Wildgehege mit Rothirschen und Wildschweinen. Das Wildgehege sollte man allerdings am Besten im Frühjahr besuchen, denn zu diesem Zeitpunkt gibt es tierischen Nachwuchs.

Viele Jugendliche nutzen die Grillstelle auch, um dort Partys und Geburtstage im Sommer zu feiern. Die große Wiese eignet sich besonders zum Kicken und an der Grillstelle hat es genug Platz zum quatschen und relaxen.

The Eninger Weide is a nice barbecue place behind Eningen reachable by car. A lot of space guaranties a great soccer match and the little ones can find a playground there as well. To celebrate birthdays or other partys this place is great.

Natur

- ein Hektar große Fläche

- Einkehrmöglichkeit im nahegelegenen Wanderheim

- zwei Wildgehege in Parkplatznähe

- interessante Pflanzenwelt

Tipp
Ein Treffen mit vielen Leuten steht bevor? Die Eninger Weide ist perfekt geeingnet!

Listhof

Der Listhof ist ein Umweltbildungszentrum und bietet umweltpädagogische Veranstaltungen für alle an. Das ganze Jahr über kann man vieles rund um das Thema Umwelt lernen. Das Wissen kann im angrenzenden Umweltschutzgebiet mit vielen seltenen Pflanzen- und Tierarten angewendet werden. Im Hauptgebäude befinden sich eine Werkstatt, ein Labor und ein Seminarraum. Viele Schulen nutzen die Angebote des Listhofes zur Umweltinformation für Schüler.

Vor allem der Erlebnisgarten ist sehr beliebt: hier kann man seine Umwelt wirklich mit allen Sinnen erleben. Egal ob Feuerstelle, Baumschaukel, Kletterturm oder ein Barfußpfad – hier findet jeder etwas, das ihm gefällt!

Außerdem kannst du gegen eine Gebühr eine der drei Grillstellen oder sogar den Jugendzeltplatz nutzen.

The Listhof offers information about environment and nature.

Friedrich-List-Hof 1
72770 Reutlingen

Öffnungszeiten:
Mo, Di & Do 8:00 - 16:00 Uhr
Mi, Fr 8:00 - 12:00 Uhr
So 13:00 - 17:00 Uhr (Mai - Oktober)

Tipp

www.listhof-reutlingen.de

Kultur

In diesem Kapitel gibt es alles rund um Kultur, doch was ist überhaupt Kultur? Der Begriff „Kultur" hat viele verschiedene Bedeutungen. Er wird gleichgesetzt mit Kunst, Theater, Oper, Literatur, bildende Künste, Architektur und so weiter. Also könnt ihr euch bestimmt schon denken, was euch in dieser Rubrik erwartet - hier findet ihr alles was Kultur zu bieten hat. Wir haben genügend Museen und Theater für euch zusammengesucht, so ist auf jeden Fall für jeden etwas dabei.

Städt. Kunstmuseum Spendhaus

Das Städtische Kunstmuseum Spendhaus ist nur was für alte Leute? Von wegen! Das Museum bietet sogar extra Programme für junge Leute, wie z.B. eigene Kunstwerke erstellen oder die Kooperation mit KuRT für Konzerte oder Sessions! Regelmäßig stellen dort interessante junge Künstler ihre Werke aus. Und das in einem der ältesten und vor allem schönsten Gebäude der Reutlinger Innenstadt. Spannend sind auch immer Angebote in der hauseigenen Druckwerkstatt – oder ihr organisiert zusammen mit Freunden euren eigenen „Museumsevent". Einfach dort anrufen oder mailen!

This museum has a lot of exhibitions by young artists. Regularly you can make your own artwork there and in cooperation with KuRT also concerts take place in this museum.

Spendhausstraße 4
72764 Reutlingen

Öffnungszeiten:
Di - Sa 11:00 - 17:00 Uhr
Do 11 - 19 Uhr
Sonn- & Feiertag 11:00 - 18:00 Uhr

Tipp

www.kunstmuseum@reutlingen.de

Naturkundemuseum

In modern gestalteten Etagen des denkmalgeschützten Fachwerkbaus „Altes Lyceum" aus dem Jahr 1727 zeigt das Naturkundemuseum die Naturgeschichte der Erde, des Lebens und der Region. Interaktive Elemente laden zum Mitmachen ein. Ein 5 Meter langes Meereskrokodil aus Ohmenhausen und weitere spektakuläre Fossilien geben spannende Einblicke in die Lebenswelt der Region vor 180 Millionen Jahren. Die heute typische Tier- und Pflanzenwelt in und um Reutlingen ist detailgetreu nachgebildet. Ständig wechselnde Sonderausstellungen ergänzen das Programm. Dazu gibt es Führungen, Vorträge, Kinderprogramme und Exkursionen. Im Naturkundemuseum verbinden sich Vergangenheit und Gegenwart.

This is an exciting museum in Reutlingen. A nice opportunity to get to know the history of Reutlingen and how it is now - and was then.

Kultur

Am Weibermarkt 4
72764 Reutlingen

Öffnungszeiten:
Di - Mi 11:00 - 17:00 Uhr
Do 11:00 - 19:00 Uhr
Fr, Sa 11:00 - 17:00 Uhr
Sonn- & Feiertag 11:00 - 18:00 Uhr

Tipp
www.reutlingen.de/naturkundemuseum

Heimatmuseum

Wie sah unsere Stadt früher aus? Was trugen die Menschen von damals für Klamotten? Das und vieles mehr kannst du im Heimatmuseum Reutlingen entdecken und mitverfolgen. Auf verschiedenen Stockwerken ist die Geschichte Reutlingens und die der Region Neckar-Alb vom 13. bis zum 20. Jahrhundert interessant gestaltet und leicht nachvollziehbar dargestellt.

Alte Dokumente und Zeugnisse aus der Reichsstadtzeit, die Zunftstube der Weingärtner, eine spätgotische Kapelle, die Friedrich-List-Abteilung, der Luftschutzkeller und vieles mehr machen das Heimatmuseum zu einem coolen und eigentlich gar nicht museumshaften Ort. Nicht nur Geschichtsfreaks kommen hier auf ihre Kosten!

If you want to get to know something about the history of Reutlingen, you have to visit the „Heimatmuseum".
There are special exhibitions like a bomb shelter or a late Gothic chapel.

Oberamteistraße 22
72764 Reutlingen

Öffnungszeiten:
Di - Sa 11:00 - 17:00 Uhr
Do 11:00 - 19:00 Uhr
Sonn- und Feiertag: 11:00 - 18:00 Uhr

Tipp

www.reutlingen.de/heimatmuseum

Feuerwehrmuseum

Wer wollte als Kind nicht schon immer einmal Feuerwehrmann werden?! Hier im Feuerwehrmuseum gibt es die ganze Geschichte und Entwicklung der Feuerwehr, die anschaulich durch Themeninseln dargestellt wird. Es werden ausschließlich Schriftstücke, Geräte und Ausrüstungen aus Reutlingen gezeigt.
Das Museum stellt auch die ganze Entwicklung der freiwilligen Feuerwehr bis zur „modern ausgestatteten Berufsfeuerwehr" in Reutlingen dar.
Wenn ihr zu mehreren kommen wollt, bucht doch einfach eine interessante Gruppenführung.

Do you remember yourself as a kid? Didn´t you want to become a fireman too? Well this is the perfect location then. Here you can take a look at the whole history and the development of Reutlingens fire rescue.

Kultur

Hauffstraße 57
72762 Reutlingen

Öffnungszeiten:
Nov. - Feb. 14:00 - 16:00 Uhr
März - Okt. 14:00 - 18:00 Uhr
außerdem jeden 1. und 3. Donnerstag im Monat

Tipp

www.reutlingen.de/feuerwehrmuseum

Landestheater Tübingen (LTT)

Das Landestheater Tübingen (LTT) hat an sich selbst einen sehr hohen Anspruch und setzt diesen auch gekonnt um. Die Stücke sind oft anspruchsvoll und erfordern Denkarbeit, was aber niemanden abschrecken soll, denn ein Besuch lohnt sich für alle! Vor allem das Kinder- und Jugendtheater (KJT) behandelt Themen, die jedem Spaß machen werden! Und ein ganz besonderer Tipp ist das Improvisationstheater, denn hier wird ohne vorgeschriebenen Text geschauspielert. Und im Sommer müsst ihr unbedingt das „Sommer-Freilichttheater" besuchen, denn draußen ist es immer noch am schönsten.

The LTT is a theater around here. It's a nice place to go. The plays are often a kind of challenge for your brain but they´re played fantastic and a visit is a must.

Landestheater Württemberg-Hohenzollern Tübingen Reutlingen (LTT)

Eberhardstraße 6
72072 Tübingen

Tel.: 07071 15920
E-Mail: info@landestheater-tuebingen.de

Tipp

Theatersport für Studenten ab 6€

Theater „Die Tonne"

Deine Familie möchte gemeinsam etwas unternehmen, aber weiß nicht genau was? Oder du brauchst einen Plan für den nächsten Abend mit deinen Freunden? Wie wär´s mit Theater? Dann ist die Tonne genau das Richtige für dich!

Die Tonne hat zwei Schauplatzorte: in Reutlingen an der Planie 22 und im Spitalhof. Die Tonne ist ein bekanntes Theater und bietet immer eine große Auswahl an Vorführungen aus eigener Produktion. Jedoch finden auch oft Gastspiele statt. Im Sommer ist das Open Air Kino im Spitalhof ein sehr besonderes Erlebnis.

Schaut doch einfach mal auf der Homepage nach dem aktuellen Programm – vielleicht ist ja was passendes für euch dabei!

Wanna have a nice day out? Don't know what you should do? Don´t wanna go to the cinema? What about watching a play at the theater? The Tonne is a quite popular theater around here!

Kultur

Wilhelmstraße 69
72764 Reutlingen
Tel.: 07121 9377

Planie 22
72764 Reutlingen
Tel.: 07121 144932

Tipp

http://www.theater-die-tonne.de/

Naturtheater e.V.

Im Naturtheater könnt ihr die Theaterstücke auf der Freiluftbühne bestaunen. Es wurden unter anderem schon Stücke aufgeführt wie zum Beispiel: My fair Lady, Romeo & Julia und Der Glöckner von Notre Dame. So gibt es jedes Jahr ein neues Stück. Natürlich kommen die Kinder nicht zu kurz, denn es gibt auch jedes Jahr ein neues Kinderstück: egal ob Pippi Langstrumpf, das Dschungelbuch oder Jim Knopf. Für Natur- und Theaterfreunde ist das Naturtheater eine perfekte Kombination aus beidem – es lohnt sich wirklich hier vorbeizuschauen!
Informiert euch einfach auf der Homepage welche Stücke gerade laufen!

Nature and theater are combined in the „Naturtheater" in Reutlingen. Here you can watch great plays like "Romeo and Juliet" on 1.003 seats underneath nothing but the sky. Every year there is a new play and for the little ones there are always funny plays, too.

Mark Gewand 3
72762 Reutlingen

Tel.: 07121 270766
E-Mail: info@naturtheater-reutlingen.de

www.naturtheater-reutlingen.de

Tipp
Lust Theater zu spielen?
Dann werde Mitglied in der Jugendgruppe!

KuRT e.V.

Kultur für Reutlingen (KuRT) ist ein Verein, der die Kultur in Reutlingen aus der jungen Perspektive fördert. So werden regelmäßig Events organisiert und auf die Beine gestellt. Das beste Beispiel ist das KuRT-Festival. Es ist eines der größten Umsonst & Draußen Festivals in Süddeutschland. Jedes Jahr versammeln sich tausend Besucher um den vielen Bands verschiedener Musikrichtungen zu lauschen und dazu zu tanzen!
Aber nicht nur die Reutlinger Musikszene wird durch KuRT wesentlich bestimmt, auch in den Kulturbereichen wie Kunst, Film, Literatur und Theater bietet KuRT regelmäßig tolle Events an. Falls ihr Interesse habt KuRT zu unterstützen, könnt ihr mit einem Mindestbeitrag von 2€ Mitglied werden.

KuRT is the shorter version for culture for Reutlingen. This sort of association is organizing events like the KuRT Festival. A great event to have fun without spending money.

Kultur

Museumstraße 7
72764 Reutlingen

Jeden Sonntag findet die Mitgliederversammlung für KuRT Mitglieder satt. Werde Mitglied!

Tipp

http://www.ku-rt.de/

Kunsthalle Tübingen

Du interessierst dich für Kunst und schaust dir gerne Ausstellungen verschiedener Künstler an? Oder du möchtest einfach mal in die Kunstszene reinschnuppern? Dann ist die Kunsthalle in Tübingen perfekt für dich! Sie ist ein Anziehungspunkt für Kunstliebhaber aus der ganzen Welt – und das ist auch verständlich! Denn hier findest du viele Ausstellungen der klassischen Moderne und auch berühmte Kunstwerke von Picasso, Degas oder Renoir fanden hier in den letzten Jahren ihren Platz. Aber auch Kunst von heutigen berühmten Künstlern wie Anselm Kiefer und Andy Warhol, ist hier ausgestellt. Somit ist für jeden etwas dabei.
Wenn du dich für Kunst interessierst, schau einfach vorbei!

Do you like art? The old fashioned and the new one art? Well that would mean you should definitely not miss this place in Tübingen. All art lovers are into this place, it´s fantastic!

Kunsthalle Tübingen
Philosophenweg 76
72076 Tübingen

Öffnungszeiten:
Mi - So 11:00 - 18:00 Uhr
Di 11:00 - 19:00 Uhr

www.kunsthalle-tuebingen.de

Tipp
Die Kunstwerke Andy Warhols sind gerade für junge Leute interessant!

**Die Volkshochschule Reutlingen.
Ihr Partner für
Bildung und Information.**

Mensch, Gesellschaft, Politik
Kunst, Kultur, Kreativität
Gesundheit, Outdoor, Umwelt
Schule, Beruf, Karriere
Sprachen
Studienfahrten, Studienreisen
Vorträge, Ausstellungen
Jugendkunstschule

Hauptschulabschluss
Abendgymnasium
Berufsfachschule für Ergotherapie
Reutlinger Gesundheits Akademie
Design + Kommunikations-Akademie
Reportageschule

Haus der vhs
Spendhausstraße 6
72764 Reutlingen
Tel.: 07121 336–0
www.vhsrt.de

Volkshochschule Reutlingen

Foto: DER STEPPENWOLF

Kirchen in Reutlingen

Nikolaikirche
Die Citykirche von Reutlingen ist zu jeder Zeit offen und ist für alle Menschen da. Außerdem bietet die Kirche besondere Veranstaltungen wie zum Beispiel Filmtage oder Kunstausstellungen.
Viele Hochzeiten, Geburtstage und Jubiläen werden in der Nikolaikirche gefeiert.

Marienkirche
Die Marienkirche wurde zwischen 1247 und 1343 errichtet und gilt als eines der herausragendsten gotischen Bauwerke des Schwabenlandes. Auf dem 71 Meter hohen Westturm glänzt ein vergoldeter Engel. Die Kirche ist seit 1988 ein „Nationales Kulturdenkmal".

St. Wolfgang Kirche
Die Kirchengemeinde St. Wolfgang ist die katholische Gemeinde für die Reutlinger Mitte. Die Kirche bietet jeden Sonntag eine Messe für die kroatische und italienische Gemeinde und hat neben dem Kirchengebäude auch ein kleines Gemeindehaus.

Nikolaikirche
Am Nikolaiplatz 1
72764 Reutlingen

Marienkirche
Weibermarkt 1
72764 Reutlingen

St. Wolfgang Kirche
St.-Wolfgang-Straße 10
72764 Reutlingen

Tipp
Die Marienkirche mit ihren besonderen Fenstern.

Stadtmauer, Gartentor und Tübinger Tor

Im Mittelalter wurde Reutlingen von einer schützenden Stadtmauer umgeben. Diese erstreckte sich um die komplette heutige Innenstadt und hatte insgesamt sieben Stadttore. Heute stehen nur noch zwei von diesen: das Gartentor und das Tübinger Tor. Das Tübinger Tor wurde im Jahr 1235 als Teil der Stadtmauer erbaut und 1330 mit einem Fachwerksaufsatz erweitert. Im Tor wohnte der Türmer, der zur Bewachung der Stadt diente. Heute beinhaltet es einen besonderen Empfangsraum der Stadtverwaltung.
Das Gartentor wurde erstmals 1392 urkundlich erwähnt und diente bis 1803 außer für den Stadtverkehr auch als Gefängnis.

In the Middle Age, the city of Reutlingen was surrounded by a city wall and seven city gates, two of them are still existent: the Tübinger Tor, with a reception room of the city council, and the Gartentor, where one of Reutlingen's carnival clubs meets regularly.

Kultur

- In der Jos-Weiß-Straße befindet sich ein Überbleibsel der ehemaligen Stadtmauer.

- 1726 wurden durch den großen Stadtbrand große Teile der Stadtmauer zerstört.

Tipp
In ein schönes Kaffee direkt neben dem Gartentor sitzen und entspannen.

Die engste Straße der Welt

Die engste Straße befindet sich in Reutlingen in der Spreuerhofstraße und misst gerade mal 31cm an der schmalsten Stelle. Seit 2007 ist sie eine offizielle Straße und wurde ins Guinnessbuch der Weltrekorde aufgenommen. Da vor 300 Jahren ein Stadtbrand Reutlingen teils zerstörte, baute man diese Straße absichtlich so schmal, um künftige Brände zu verhindern.

Auch du kannst dich durch die Straße schlängeln: vom Albtorplatz etwa 50 m in die Metzgerstraße laufen, du findest sie dann auf der rechten Seite. Zuerst gelangst du auf einen Hinterhof, dann geht es durch kaum mehr als einen Spalt zwischen zwei Häusern auf die Maurerstraße. Und keine Sorge: es ist noch nie jemand stecken geblieben!

In Reutlingen you can find the narrowest street of the whole world! Imagine that: this street is 31cm wide at the narrowest point and since 2007 it even has got an entry into the guiness world record book.

Spreuerhoferstraße
72764 Reutlingen

- 43 cm an der breitesten Stelle

- Ausgang aus einem Hinterhof der 18. Jahrhunderts

Tipp
Ein nettes Erinnerungfoto von dir und dem „Weltrekord" darf nicht fehlen!

Friedrich-List-Halle

Die Friedrich-List-Halle ist eine der bekanntesten Hallen in Reutlingen. Sie wurde 1947 nach der Zerstörung durch Bomben im 2. Weltkrieg wieder aufgebaut und dient heute für Veranstaltungen aller Art. Egal ob für Theateraufführungen, Konzerte oder sogar Boxwettkämpfe, die Listhalle bietet den perfekten Rahmen. Viele Schulen nutzen den großen Platz auch oft für Abibälle oder andere Schulfeste.

Bald wird es zusätzlich zur Listhalle die Stadthalle geben. Sie wird ebenfalls einer der großen Veranstaltunsorte in Reutlingen sein.

The Friedrich-List-Halle is used for concerts, theater plays, and even boxing competitions. It is also used for prom and graduation nights by Reutlingen's students.

Kultur

Jahnstraße 6
72762 Reutlingen

Mit dem Bus ist die Listhalle gut zu erreichen: ca. 200m Fußweg von der Stadtmitte /„Haltestelle am Kepler Gymnasium" / 170m mit Auto: Parkhaus 170m entfernt am Kepler Gymnasium

Tipp
Nationale Stars kommen regelmäßig in die Friedrich-List-Halle - sei mit dabei!

Pfullinger Unterhose

Die „Pfullinger Unterhose" ist das Wahrzeichen der Stadt Pfullingen und ein sehr beliebtes Ausflugs- und Wanderziel. Eigentlich ist der offizielle Name des Turms Schönbergturm, aber im Volksmund wird er Pfullinger Unterhose genannt, da seine Form an eine altmodische Unterhose erinnert. Viele Familien und junge Cliquen schätzen die Pfullinger Unterhose, denn oben befindet sich eine Aussichtsplattform von der man einen tollen Rundblick auf die Umgebung hat. Neben dem Turm befindet sich auch eine Grillstelle, die zu schönen Grillabenden einlädt. Außerdem hat es genug Platz zum Kicken oder Frisbeespielen. Hier steht einem tollen Tag an der frischen Luft nichts mehr im Weg!

This is a really famous place for family trips in Reulingen, because it´s located in Pfullingen only a few minutes away from the town. It got its funny name underpant because its shape reminds of an old styled underpant.

- auf dem Schönberg, 2 km südlich von Pfullingen

- die beiden Turmschäfte sind im Eingangsbereich durch die Aussichtsplattform verbunden

- inklusive Fundament 28m hoch

Tipp

www.schwaebischer-albverein/wandern

Schloss Lichtenstein

Deine Familie plant einen Ausflug? Oder du möchtest mal raus in die Natur mit deinen Freunden? Dann haben wir hier etwas für euch! Am Rand der Schwäbischen Alb mit Blick ins Echaztal liegt ein beliebtes Ausflugsziel: das Schloss Lichtenstein.

Das Schloss wurde 1840-1842 im Auftrag von Herzog Wilhelm von Urach erbaut und ist ein besonderes Kulturgut der Region. Ihr könnt euch einer der regelmäßigen Schlossführungen anschließen oder die nahe Umgebung selber erkunden.

Ihr habt danach noch Lust auf ein bisschen Action? Dann besucht den Kletterpark Lichtenstein, der nur wenige Meter entfernt liegt.

Right at the edge of the Swabian Alb there is „Schloss Lichtenstein", a kind of fairy-tale castle with a fantastic view of the Echaz-valley. Quite close to the castle you'll find a climbing park for the whole family.

Kultur

Am Traufe der Alb
72805 Lichtenstein

Öffnungszeiten:
außer Januar und Dezember regelmäßig geöffnet

Tel.: 07129 4102

www.schloss-lichtenstein.de

Tipp

Führungen ab 5 €

Schloss Tübingen

Du bist in Tübingen unterwegs und willst auch etwas von der Stadt sehen? Dann bist du hier genau richtig, denn in Tübingen steht ein absolutes Must-Seen für alle kulturell Interessierten: das Schloss Tübingen. Es wurde um 1037 auf dem Schlossberg erbaut.

Heute ist das Schloss das Museum Schloss Hohentübingen, in dem man Sammlungen von älterer Urgeschichte über Ägyptologie bis zur Ethnologie besichtigen kann. Außerdem gibt es bedeutende Funde aus Baden-Württemberg und der ganzen Welt zu bestaunen. Egal ob in dem großen Innenhof oder auf den gemütlichen Bänken vor dem Schloss: es bietet viele schöne Stellen zum Ausruhen und Entspannen. Und von denen hat man eine fantastische Sicht auf Tübingen!

For people who are interested in culture is the „Schloss Tübingen" the perfect place. You can see important findings from the past from BaWü and the whole world.

Hohentübingen
Burgsteige 11
72070 Tübingen

Tel.: 07071 2977384

www.tuebingen.de

Tipp

Eintritt ab 3€, kostenlos für Tübinger Studenten

Mutscheltag

Jedes Jahr am Donnerstag nach dem Dreikönigstag ist in Reutlingen Mutscheltag. Dieser Tag ist fast so etwas wie ein „Reutlinger Nationalfeiertag". Man trifft sich in kleineren oder größeren Gruppen und würfelt um Mutscheln – ein mürbes Weißbrotgebäck mit acht Zacken, einer Spitze in der Mitte und einen Kranz. Die Spitze in der Mitte steht für die Achalm. Zwei traditionelle Spiele sind: "Der Wächter bläst vom Turme" und „Das nackte Luisle".

Every year on the first Thursday after „Dreikönige" there is the Mutscheltag in Reutlingen. This day is like a national holiday in Reutlingen, the whole city is playing. It´s all about a game. You meet in groups smaller oder lager ones, just like you want and then you dice for a Mutschel. A Mutschel is made of white bread and funny-looking too.

Kultur

Mutschelrezept:

1 kg Mehl, 0,5 l Milch, 150 g Butter, 15 g Salz, 10 g Zucker, 80 g Hefe, 1 Eigelb
Hefeteig gehen lassen, danach Mutscheln formen
200°C im vorgeheizten Ofen ca. 30 min. backen

Tipp
Mit Freunden einen gemütlichen Mutschelabend machen.

Sport

Ihr wollt euch so richtig auspowern, wisst aber nicht was genau ihr machen könnt? Oder ihr wollt einfach raus, aber habt keine Idee wohin? Auf den nächsten Seiten finden sich viele sportliche Ideen für eure Freizeit.
Joggingstrecken, Ballsportarten, Tanzen, Klettern und vieles mehr – hier ist für jeden Sportbegeisterten etwas dabei!

Fitnesscenter

Reutlingen hat ein zahlreiches Angebot an Fitnessstudios. Für alle, die sich einfach mal voll auspowern und trainieren wollen, bietet sich das McFit besonders an, denn das McFit ist 24 Stunden geöffnet und das 365 Tage im Jahr. Wem das jedoch nicht genug ist, der kann sich bei Fitnessstudios wie Easy Sports anmelden und dort die vielseitigen Kurse genießen und das für sich passende Programm finden. Wellness wird im Easy Sports ebenfalls angeboten. Auch Olympic in Pfullingen bietet Sauna und Wellness, außerdem kann man dort vielen weiteren Fitness-Aktivitäten nachgehen von Aerobic bis hin zu Taekwondo.

For your every day workout and for all the sportfreaks there are some great sportstudios: McFit for example is open 24 hours a day, 7 days a week for all those who like to do training at night. In the Easy Sports fitness club there are nice wellness areas, for all those of you who like to relax after training.

McFit
Am Echazufer 20
72764 Reutlingen

Easy Sports
Lembergstraße 52
72766 Reutlingen

Olympic
Carl-Zeiss-Straße 7
72793 Pfullingen

Tipp
Schlechtes Wetter? Du findest garantiert ein gutes Fitnessstudio!

Emka Freizeitzentrum

Schlechtes Wetter? Oder einfach nur keine Lust allein daheim rumzusitzen?! Dann bietet das Emka eine klasse Alternative für dich! Schnapp dir deine Freunde oder deine Familie und es kann losgehen. Das Emka ist ein großes und vielseitiges Freizeitzentrum für alle Sportbegeisterten. Hier ist bestimmt für jeden etwas dabei! Euch stehen vier Squash-Courts, eine Kletterhalle, eine Badmintonhalle, eine Kegelbahn und sogar ein Billardtisch zur Verfügung: da wird es garantiert niemandem langweilig! Dort kannst du dich wirklich richtig auspowern und viel Spaß haben! Einfach perfekt für einen sportlichen, aber spaßigen Tag!

Have fun? Do sports? With friends? Then why don´t you visit the Emka-Freizeitzenter? Fun for everyone is guaranteed while playing squash, badminton, billiard, bowling or climb up the climbingwall. One thing is clear, nobody is gonna be bored in here!

Sport

Rittweg 51
72070 Tübingen

Öffnungszeiten:
Mo - Sa 9:00 - 24:00 Uhr
Sonn- & Feiertag 10:00 - 22:00 Uhr

www.emka.freizeitcenter.de

Tipp
Tageskletterkarten ab 9€
Squash ab 7€/h

Tanschule Werz

Ihr tanzt gerne? Dann seid ihr hier genau richtig! Egal ob Standard-/Lateintänze, Modetänzen oder Video Clip Dancing und Hip Hop – bei der Tanzschule Werz wird alles angeboten. Besonders beliebt sind die Schülertanzkurse, in denen man als Anfänger innerhalb von wenigen Stunden eine gute Basis und die grundlegenden Schritte beigebracht bekommt. Und zusätzlich gibt es eine Stunde „Gutes Benehmen" zu jedem Schülertanzkurs sowie eine Gratis-Tanzstunde für die Eltern! Die Tanzschule Werz hat immer neue Ideen und da jeder Tanzen lernen kann, können auch nicht so Tanzbegeisterte vorbeischauen, denn hier wird euch Tanzen mit Spaß und ohne Stress beigebracht! Schaut doch einfach mal vorbei und fragt nach einer Schnupperstunde!

This is a great place to learn how to dance - and for those who already know the basics, it's a great place to become even better.

Arbachstr. 4-6
72793 Pfullingen

Tel.: 07121 79279
E-Mail: info@tanzschule-werz.de

http://www.tanzschule-werz.de/

Tipp

Nach dem Tanzen eine Verschnaufspause in der Barlounge!

Tanzwerk Reutlingen

Du möchtest einfach mal etwas Neues ausprobieren? Wie wäre es mit Tanzen? Im Tanzwerk ist wirklich für jeden Tanztyp etwas dabei: vom klassischen Ballett über den Stepptanz bis hin zum Hip Hop - diese Tanzschule bietet alles, was mit Tanzen zu tun hat.

Da die Kurse in Anfängerkurse und Fortgeschrittenenkurse gegliedert sind, kannst du in jeden Stil einsteigen – egal wie gut du das Tanzen schon beherrscht!

Du hast Lust auf eine Probestunde? Dann ruf doch einfach mal beim Tanzwerk an! Für nur 5€ kannst du schon vorbeischauen und testen, ob das Tanzen etwas für dich ist. Für die normalen Kurse (45 Minuten) zahlst du 33€ monatlich und wenn du dann einen zweiten oder dritten Kurs machst, bekommst du Rabatt!

This dancing school offers a huge variation of dance styles: from hip hop to classic ballet – a good advice for everybody who loves to dance!

Sport

Leonardsplatz 2
72764 Reutlingen

Tel.: 07121 311300

- auf der Internetseite findet man den Stundenplan der Tanschule

Tipp

http://www.tanzwerk-rt.de

Sportplätze

Sprangersportplatz:
Dieser Bolzplatz eignet sich perfekt für ein kleineres Match gegen deine Freunde. Der Boden hier ist aus Gummi/Tartan, und das Coole ist, dass ihr keinen Balljungen braucht, der kilometerweit in die Wildnis rennt und den Ball sucht, denn um den Bolzplatz herum ist ein Gitter, damit ihr immer schnell weiterspielen könnt. Dieser Platz befindet sich direkt neben der Sprangerturnhalle.

Obere Auchtert:
Für die Naturfreunde ist dieser Bolzplatz die erste Wahl, denn gespielt wird auf Rasen. Der Platz ist zum größten Teil umzäunt und liegt auf einem kleinen Hügel, sodass das Ballholen eine kleine extra Herausforderung ist.
Wegbeschreibung: Von Reutlingen kommend nach Ohmenhausen abbiegen und dann in die erste Straße neben der Bushaltestelle einbiegen und immer gerade aus in Richtung Spielplatz.

- 15 Minuten Fußball spielen verbrennt bei einem Gewicht von 75 Kilo schon 149 kcal

- auch Profis haben „klein" angefangen - auf Bolzplätzen

Tipp
Schnapp deine Kumpels und vernanstalte ein Fußballturnier!

Ortsausgang:
Wozu braucht man beim Fußball eigentlich immer elf Spieler? Dieser Platz am Sondelfinger Ortsausgang eignet sich bestens auch für kleinere Teams bis ungefähr drei Personen pro Mannschaft.

Reichenbachstraße:
Auch der Platz an der Reichenbachstraße ist besser für 1-3 Spieler Teams geeignet als für deine eigene komplette Fußballmannschaft. Aber was spricht denn gegen ein schnell organisiertes Spiel im kleinen Kreis an einem langweiligen Nachmittag?

Hoffmannstraße:
Dieser Bolzplatz ist eher für größere Gruppen gedacht, 4-6 Spieler pro Team, die die Herausforderung suchen, fühlen sich hier bestimmt wohl. Der Platz in der Hoffmannstraße ist nicht glattgebügelt, sondern naturgetreu und etwas holprig, was eurem Match jedoch keinen Abbruch tun sollte, denn man kann hier trotzdem noch sehr gut spielen.

Sport

- Um ein gutes Ballgefühl zu haben bedarf es viel Übung. Du darfst auf keinen Fall die Geduld verlieren!

- Manche Sportplätze bieten auch die Möglichkeit zum Torwandschießen.

Tipp
Informiere dich, in welchen Sportverein du willst und kicke regelmäßig.

Handball

Um hochklassigen Handball zu sehen, müsst ihr nicht weit fahren. Denn in Reutlingens Umgebung gibt es bei den Männerteams des TV Neuhausen (2.Bundesliga) und des VfL Pfullingen (4.Liga) sowie den Frauenmannschaften der TuS Metzingen (2.Bundesliga) und der WSG Pfullingen-Eningen (3.Liga) spannende Handballspiele. Allein wegen der Atmosphäre bei diesen Spielen ist es wert dort vorbeizuschauen: Zwischen 500 und 1200 Zuschauer in einer Sporthalle, da kann es schon mal laut werden.
Und falls euch das immer noch nicht reicht, gibt es nach gut einer Stunde Fahrtzeit in Göppingen oder Balingen sogar Bundesliga-Handball zu bestaunen.

You don´t have to make a big journey to watch a great handball game you have quite a few great teams around you right now! The atmosphere during those games is absolutely amazing and worth to watch one of them.

TV Neuhausen:
www.tv-neuhausen.de

TuS Metzingen:
www.tus-metzingen.de

VfL/WSG Pfullingen:
www.handball-pfullingen.de

Tipp
8€ Erwachsener,
7€ ermäßigt, 5€ Kind

Joggingstrecken

Laufstrecke im Schönbuch:
Eine schöne Laufstrecke in der Nähe von Tübingen. Die Strecke ist im Naturpark Schönbuch und bietet eine schöne Landschaft und viel Ruhe für Leute, die lieber alleine joggen und die Natur genießen wollen. Die Strecke beginnt am Wanderparkplatz „Rotes Tor" und geht 20 km lang durch den Naturpark bis man wieder am Anfangspunkt angekommen ist. Eine genaue Streckenbeschreibung findet man auf der im Tipp angegebenen Homepage.

Laufstrecke Eningen:
Eine schöne Laufstrecke außerhalb von Eningen, die ein großes Gebiet umfasst und 18,23 km lang ist. Die Strecke bietet auch eine schöne Landschaft mit viel Natur und Stille. Sie beginnt am Eninger Freibad, dann geht sie über den Grasberg zur Eninger Weide, Fohlenhof St. Johann, Oberer Lindenhof und dem Naturfreundehaus, bis sie wieder am Freibadparkplatz zu Ende geht.

Sport

- 15 Minuten Joggen verbrennen bereits bei einem Körpergewicht von 75 Kilo 217 kcal

- Oft hilft einem ein MP3-Player im Rhythmus zu beliebven.

Tipp

http://www.igl-reutlingen.de/cms/index.htm

SSV Reutlingen

Du bist einer von den vielen fußballbegeisterten Leuten im Land? Du liebst Stadionatmosphäre? Oder suchst ein Sportevent für deine Freizeit? Dann ab an die Kreuzeiche! Hier spielt der SSV Reutlingen jedes zweite Wochenende und kämpft um die Punkte. Das zweitligataugliche Stadion bietet knapp 15200 Menschen Platz, wovon 10000 Stehplätze sind. Dank der vielen tollen Fans ist hier immer eine klasse Stimmung, die das Fußballspiel noch mehr zum Erlebnis werden lässt.
Die Mannschaft selbst, der SSV, spielt in Baden-Württembergs Oberliga und war sogar schon einmal in der zweiten Liga vertreten.

You are interessed in soccer? Like to watch the games? But seriously: tv can be really boring sometimes. Why don´t you watch the next game in the stadium? The Kreuzeiche Stadium is near Reutlingen city and thanks to the great fans there is always a great atmosphere!

Stadion an der Kreuzeiche
An der Kreuzeiche 23,
72762 Reutlingen

Tel.: 07121 3032358

Spiele finden üblich samtags 15 Uhr bzw. 15:30 Uhr statt.

Tipp

www.ssv-news.de

Walter Tigers Tübingen

Alle Sportbegeisterten und vor allem Basketballbegeisterten aufgepasst: In Tübingen – nur wenige Kilometer von Reutlingen enfernt – ist ein super Basketballteam zu Hause: die Walter Tigers! Sie spielen in Tübingen in der Saison 2010/2011 ihre 5. Basketball Bundesligasaison in Folge! Dabei werden sie jedes Mal in der Paul-Horn-Arena von rund 3180 Zuschauern und ihrem Maskottchen „s´Tigerle" lautstark unterstützt.
Egal ob Basketballfan oder nicht – ein Spiel der Walter Tigers sollte man sich auf keinen Fall entgehen lassen! Im Internet findet ihr die aktuellen Spiele und könnt euch Karten sichern!

Tübingen, which is only a few minutes away from Reutlingen, is home of a great basketball team called the Walter Tigers! You can´t miss a game of them in the Paul-Horn-Arena! Tickets and info can be looked up in the web.

Sport

Europastraße 50
72072 Tübingen

www.walter-tigers.de

Jeden zweiten Samstag kommen die internationalen Basketballstars nach Tübingen.

Tipp
Sitz: 15-23€
ermäßigt: 11-19€

Mountainbike

Mountainbiken wird unter den jungen Leuten immer beliebter. Und dies hat auch seine Gründe, denn Mountainbiken ist ein guter Ausgleich zum Alltagsstress.
Zu empfehlen sind folgende Touren:

Hohe Warte bei Reutlingen:
Die Tour führt östlich von Reutlingen an Metzingen vorbei zu dem höchsten Punkt der Tour, der hohen Warte (820m). Von hier geht der Weg über den Grasberg und die Achalm zurück zum Ausgangspunkt der Tour, dem Parkplatz bei einer Schule im Königsträssle bei Reutlingen an der Auffahrt zur Achalm.

Rossberg bei Reutlingen:
Eine abwechslungsreiche Tour im Süden von Reutlingen, die 45 km lang ist und alles bietet, was sich ein Mountainbiker-Herz wünscht.

Do you like to go biking? Then you should look up those two websites. Both routes are in Reutlingen and perfect for biking.

Wegkarte für Hohe Warte:
http://www.gps-tour.info/de/touren/detail.1430.html

Wegkarte für die Rossberg-Tour:
http://www.gps-tour.info/de/touren/detail.1469.html

Tipp
Regelmäßig werden geführte Fahrradtouren vom ADFC RT/TÜ angeboten.

Skifahren auf der Alb

In Kleinengstingen kann man gut Skifahren gehen, denn dort befindet sich eine 550 Meter lange Abfahrt. Um sich wieder aufzuwärmen und um etwas Warmes zu sich zu nehmenm, gibt es eine Skihütte mit circa 60 Plätzen.
Die Ski-Arena Holzelfingen ist ein perfekter Platz für Skifahrer und Boarder, denn sie bietet 4 Schlepplifte und 6 Abfahrten. Für Leut, die weder Skifahren noch Boarden, gibt es eine Rodel-Piste mit Spaßgarantie.
Für die Langläufer hat die Ski-Arena auch noch etwas zu bieten: 2 Langlauf-Loipen!
Gegen Hunger und Durst ist natürlich auch gesorgt, es gibt Skihütten mit Bewirtung und Après-Ski mit offenem Ende. Durch die Lage der Ski-Arena liegt im Winter fast immer viel Schnee.

The Alb is the perfect place for all the people who are into ski and snowboard. To find good food and drinks you have to look out for one of the Skihütten.

Sport

Auchtertweg 1
72829 Engstingen

Öffnungszeiten:
unter der Woche ab 13:30 Uhr, am Wochenende ab 9:30 Uhr

Salach 1 und Heutal 1
72805 Lichtenstein

Tipp

10-er Karte 6€
(ermäßigt 4€)

Haupt- und Landesgestüt Marbach

Du interessierst dich für Pferde und deren Aufzucht? Oder du suchst ein schönes Ziel für einen Familienausflug? Dann schau doch mal auf dem Haupt- und Landesgestüt Marbach vorbei! Marbach ist der Sitz des Kompetenzzentrums für Pferdezucht und Pferdehaltung Baden-Württemberg und hat sich mit der Pferdezucht einen großen Namen gemacht. Außerdem werden auch regelmäßig Turniere, Pferdemessen und Gestütsführungen veranstaltet. Jedes Jahr Ende September und Anfang Oktober findet die berühmte Hengstparade für Züchter und Pferdefreunde auf dem Gestütshof statt. Aber das Gestüt und die Umgebung bieten auch einen tollen Platz für einen schönen Sommertag in der Natur.

Are you interested horses and riding sport? Well then you can´t miss this place. It has made itself a quite well-known name with its breeding. Visit Marbach and watch one of the riding competitions!

72532 Gomadingen
Marbach

Tel.: 07385 96950

- Vom Deutschen Reitpferd (Warmblut) bis hin zum Englischen Vollbut ist alles geboten.

Tipp

www.gestuet-marbach.de

AOK Gesundheitszentrum Reutlingen

Genieße alles, was dein Leben gesünder macht. In unserem Gesundheitszentrum helfen wir bei Rückenproblemen, zeigen dir, gelassener zu werden, bringen Herz und Kreislauf auf Trab und machen Lust auf Kochen – alles für deine Gesundheit. Pro Jahr bieten wir in Neckar-Alb über 200 Kursangebote in den Bereichen Ernährung, Bewegung und Entspannung an.

Die AOK Fitnesstage finden auch regelmäßig statt. So gibt es unter anderem die AOK FußballGirls, Mountainbike-Wochenenden und Lauf- und Walkingtreffs sowie Inline-Treffs.

Informiere dich doch einfach telefonisch unter:
07471 6398943

Sport

AOK – Die Gesundheitskasse
Konrad-Adenauer-Straße 23
72762 Reutlingen

Öffnungszeiten:
Mo - Mi 8:30 - 17:00 Uhr
Do 8:30 - 18:00 Uhr
Fr 8:30 - 16:00 Uhr
Sa 9:00 - 12:00 Uhr

Tipp

www.aok.de/baden-wuerttemberg

Achalm-Squash

Draußen regnet es mal wieder? Aber du willst unbedingt aktiv sein und Sport machen? Dann ab zum Achalmsquash! Egal ob Gymnastik, tanzen, Badminton, Fitness oder Squash – hier ist für jeden etwas dabei!
Sogar ein Fußballfeld steht zur Verfügung.
Bei gemütlicher Atmosphäre kann man sich hier für wenig Geld so richtig auspowern – und das bei jedem Wetter!

Wörthstraße 161
72793 Pfullingen

Mo, Mi & Fr 16:00 - 1:00 Uhr
Di, Do 09:00 - 1:00 Uhr
Sa, So 12:00 - 20:00 Uhr

Bogenschießen

Du möchtest mal eine etwas unpopulärere Sportart ausprobieren? Oder bist einfach offen für Neues? Dann schau doch mal im Verein des Reutlinger Bogenschießens (PSV Reutlingen) vorbei! Hier werden zwei Plätze mit bis zu 20 Scheiben auf 70m angeboten. Es sind auch Turniere auf 90m möglich. Gegen den Hunger ist auch gesorgt: es gibt nämlich eine Grillstelle Richtung Gönningen.

Schützenhaus mit Feldbogenschießen Raitteichweg/Markwasenwald

Sa 14:00 - 17:00 Uhr Gäste-/Schnuppertraining

Kletterpark Lichtenstein

Der Kletterpark Lichtenstein bietet leichte Parcours ab 8 Jahren bis zu schweren ab 16 Jahren. Für die Adrenalingierigen gibt es noch einen besonderen Parcour „Folterkammer", dieser ist allerdings ab 18 Jahren. Und schon Lust bekommen auf den Kletterpark? Zieht eure Sportschuhe und sportliche Kleidung an und besucht den Kletterpark Lichtenstein! Wenn ihr mehr als 10 Personen seid, müsst ihr euch vorher anmelden.

am Schloss Lichtenstein
72805 Lichtenstein

Saionbedingt - Infos unter: www.abenteuerpark-schlosslichtenstein.de

Motocross

Es ist Sommer und du hast Zeit für ein wenig Spannung? Du stehst auf Action an der frischen Luft? Dann komm doch einfach mal zur Motocross- und 4Cross-Strecke beim Sportpark (der Beschilderung folgen)! Mit einem Bike, einem Helm und einem Haftungsverzicht kann der Spaß sofort losgehen! Natürlich kannst du auch einfach nur zum Zuschauen kommen und die Profis bei ihren Tricks bestaunen.

- Internationale Deutsche Meisterschaft Seitenwagen wird in Reutlingen ausgetragen

- Freestyle-Shows & Wettkämpfe

Shopping

Alle Shoppingqueens aufgepasst! Hier findet ihr die besten Einkaufsmöglichkeiten in Reutlingen und Umgebung. Vom Skatershop über Mainstream bis hin zu exklusiven Läden ist alles dabei! Natürlich kommen auch die Jungs dank einem „Shopping Guide für Männer" und Technikläden auf ihre Kosten.

Shopping

American Store

Der American Store in Reutlingen oder, wie er auch in Insiderkreisen gerne genannt wird, „Der A-Store", ist seit über 20 Jahren der Inbegriff für coolen Stuff im Skate, Street und Hip Hop Segment, auch weit über die Stadtmauern von Reutlingen hinaus.

Der Skatebereich, der durch seine große Schuhauswahl mit rund 170 brandaktuellen Skatesneakern in der Region einzigartig ist, bietet auch immer die neuesten Skateklamotten. Abgerundet wird der Bereich noch mit einer großen Auswahl an Hardware (Decks, Achsen, Rollen usw.).

In der Street-Fashion Abteilung kann sich jeder den angesagten Sneaker von z.B. Boxfresh, Asics, Keds oder Adidas aussuchen.

Auf 200 qm finden die Hip Hopper von der New Era Cap über das Roca Wear Shirt, und der Phat Farm Pant, bis hin zum Timberland Boot alles.

Looking for hip hop or skater fashion? You´ll definitely find something in here.

Eberhardstr. 7
72764 Reutlingen

Öffnungszeiten:
Mo - Fr 10:30 – 19:00 Uhr
Sa 10:30 – 16:00 Uhr

Tipp
Tolle Streetwear für jeden Geschmack!

Wilhelmstraße

Hier findet ihr alles: Von den gewöhnlichen Kleidungsläden bis hin zu besonderen, kleinen und trendigen Shops. Von Schuhen bis zur Krawatte – hier wird jeder fündig.
Das Reutlinger Shoppingzentrum eignet sich super zum entspannten Shoppen in nicht allzu überfüllten, aber guten Läden. Das Café am Marktplatz ist eine gute Möglichkeit, um nach einem Shoppingmarathon bei Sonnenschein draußen zu relaxen oder sich bei schlechtem Wetter drinnen aufzuwärmen.
Regelmäßig findet in Reutlingens Innenstadt das „Late-Night-Shoppen" statt, bei dem man bis 24:00 Uhr shoppen kann und ein tolles Unterhaltungsprogramm geboten wird! Die verkaufsoffenen Sonntage dürfen natürlich in Reutlingen auch nicht fehlen!

The place to shop in Reutlingen is definitely the Wilhelmstraße. It is the dream of every shopping-queen. There is something for everyone .

Shopping

Die Innenstadt verfügt über genügend ausgeschilderte Parkmöglichkeiten und außerdem ist sie auch super mit dem Bus zu erreichen.

Tipp
Viele kleine Cafès säumen die Wilhelmstraße - perfekt zum Entspannen

Industriegebiet West

Du willst mal wieder Shoppen gehen, aber hast keine Lust auf die übliche Einkaufsstraße in der Innenstadt? Oder du bist eh unterwegs und brauchst noch das ein oder andere? Dann ist das Industriegebiet West genau das Richtige für dich! Hier findest du viele verschiedene Läden - da findet wirklich jeder etwas! Du bist auf der Suche nach neuen und günstigen Klamotten? Dann solltest du unbedingt bei Takko vorbeischauen! Oder suchst du nach neuen und trendigen Schuhen? Shoe4You, Deichmann und Schuhtausch bieten eine große Auswahl an super schönen Schuhen an! Außerdem findest du einen Handyladen und Möbelhäuser, in denen man tolle Dekorationsartikel findet!

The Industriegebiet West near Reutlingen behind Betzingen is a good place to buy clothes, shoes and sweets. The shops are all in reach of each other and you´ll find definitely what you´re searching for.

- viele Schuhläden

- Garten- und Haustierbedarf

- Technik- und Baumärkte

- Möbelhäuser

Tipp

Gummibärenland - über 90 verschiedene Süßigkeiten!

Outlet-City Metzingen

Alle Schnäppchenjäger aufgepasst! Hier in Metzingen befindet sich eines der größten Outletcenter! Egal, was man sucht, hier findet man es. Shopaholics aus der ganzen Welt pilgern nach Metzingen, um ihr ultimatives Schnäppchen zu finden. Und es bietet sich ihnen eine riesengroße Auswahl.

Läden wie Hugo Boss, pepe jeans, escada, levi's, Miss Sixty oder Tommy Hilfiger locken viele tausend Menschen im Jahr nach Metzingen. Immerhin gibt es hier Rabattnachlässe von bis zu 70% auf diese Topmarken!

Auch das Angebot für Männer ist sehr groß. Neben Hugo Boss finden sie auch angesagte Marken wie blackberry, Windsor oder Strellson in Metzingen.

Schokoladenliebhaber kommen dank dem Milka und Lindt Outlet auch auf ihre Kosten.

All outlets with fantastic prices together at one city? If you want this, then you can't miss Metzingen.

Shopping

Die Anreise mit dem Zug ist sehr praktisch, aber durch viele Parkmöglichkeiten auch mit dem Auto möglich. Donnerstags und samstags fahren auch Shuttle Busse von Stuttgart nach Metzingen.

Tipp

After-Shopping: Entspannen im Café

Shopping-Guide Männer

Nicht nur Frauen werden in Reutlingen fündig – auch die Männer kommen hier auf ihre Kosten. Unsere Top-Shoppingmöglichkeiten für Männer haben wir hier für euch exklusiv zusammengestellt:

Macho for Men – Eberhardstr. 13 – 72762 Reutlingen:
von Accessoires bis zur Hose - bei Macho findet jeder Mann ganz sicher was er sucht. Sie sind bekannt für ihre ausgefallenen Styles, schon allein das Logo lockt viele an.
Man findet „normale", aber auch etwas verrücktere Kleidung.

Jack& Jones - Wilhelmstraße 23 - 72764 Reutlingen :
Viele Männer haben den stylischen Laden für sich entdeckt. Von Hemden über T-Shirts bis hin zu coolen Pullis und natürlich auch die trendigsten Jeans fehlen in diesem Store nicht.
Jack& Jones – fast schon eine Kultmarke für Männer.

Department Z Reutlingen - Wilhelmstr. 40 - 72764 Reutlingen:
Hier findet Mann viele angesagte Marken zu oftmals günstigen Preisen. Also auf alle Fälle mal einen Blick hineinwerfen!

Breuninger - Wilhelmstr. 75-83 - 72764 Reutlingen:
Im unteren Stockwerk des Breuningers findet man eine gute Auswahl der angesagtesten und edleren Marken.

Footlocker Reutlingen - Wilhelmstraße 32 - 72764 Reutlingen:
Sneaker-Liebhaber müssen in diesen Shop.

Shopping-Guide Frauen

Natürlich gibt es wie in jeder Stadt auch in Reutlingen viele Möglichkeiten, wo Frau ihre Shoppinglust ausleben kann. Hier die wichtigsten Läden, die man nach Kleidern, Schuhen und Handtasche durchstöbern kann:

better2gether - Museumstraße 1 - 72764 Reutlingen:
„green fashion": Klamotten nur aus fair gehandelten und ökologischen Materialien.

Breuninger - Wilhelmstr. 75-83 - 72764 Reutlingen:
Für Jugendliche ist vor allem der „Subway"-Bereich interessant, in dem man die aktuellste Mode und alle Marken bekommt.

Department Z- Wilhelmstraße 40 - 72764 Reutlingen:
Hier findet sich immer was bei Marken von Review bis Only.

Görtz 17 - Wilhelmstraße 37 - 72764 Reutlingen:
In diesem Laden findet ihr garantiert Schuhe, in die ihr euch verliebt!

Galeria Kaufhof - Karlstraße 20 - 72764 Reutlingen:
Hat eine große Auswahl an Klamotten, Sportbekleidung, Schuhen und Unterwäsche.

Paparazzi - Wilhelmstraße 80 - 72764 Reutlingen:
Die neueste Mode aus Italien zu einem wirklich fairen Preis, ein echter Geheimtipp.

Vero Moda - Wilhelmstraße 17-23 - 72764 Reutlingen:
Die Modebewussten unter den Mädels sind hier in ihrem Paradies.

30°

Dieser Laden ist ein absoluter Geheimtipp für Mädels! Hier findet ihr super trendige Outfits und keine Mainstreammode. Auch bietet 30 Grad viele schöne Accessoires an: jede Menge Ketten, Taschen und Tücher! Allerdings sind es auch nicht die billigsten Kleider. Aber es lohnt sich wirklich hier öfters vorbei zuschauen und sich inspirieren zu lassen.

Katharinenstr. 9-11
72764 Reutlingen

Mo - Mi & Sa 10:00 - 19:00 Uhr
Do - Fr 10:00 - 20:00 Uhr

S-Store

Der S-Store ist der Laden in Reutlingen für alle Skater, Snowboard- und Skibegeisterte! Hier findet ihr ausgeflippte Styles in einer perfekt passenden Atmosphäre. Der Shop ist gerade erst umgezogen und wurde komplett neugestaltet.
Wer zur Skaterszene gehört, darf diesen Laden auf keinen Fall links liegen lassen!

Kanzleistr. 51
72764 Reutlingen

Mo - Fr 11:00 - 19:00 Uhr
Sa 10:00 - 17:00 Uhr

Risiko

Das Risiko ist ein einmaliger Modestore, den es sonst nirgendwo gibt. Die einzige Filiale in Tübingen bietet moderne Marken wie Levis, Buffalo oder Schiesser. Außerdem findest du hier Einzelstücke in einem exklusiven, trendigen Ambiente. Für alle Trendgirls lohnt es sich, hier öfter vorbeizuschauen!

Hirschgasse 8
72070 Tübingen

Mo - Fr 10:00 - 19:00 Uhr
Sa 10:00 - 18:00 Uhr

Plattenlädle

Im Plattenlädle in Reutlingen findet sich für jeden Musikliebhaber, was sein Herz begehrt. Seit über 30 Jahren werden hier CDs und LPs an- und verkauft, also findest du hier gebrauchte und neue Platten. Bei genauerem Stöbern trifft man vielleicht sogar auf die ein oder andere Rarität.

Eberhardstr. 7
72764 Reutlingen

Tel.: 07121 311619

Use Base

Use Base ist der perfekte Laden für Computerfreaks und Zocker. Hier gibt es aktuelle, aber auch gebrauchte Spiele für alle Konsolen zu einem sehr fairen Preis. Außerdem werden Umbauten, Reparaturen und Modifizierungen von Konsolen angeboten. Wenn du dich für Computer, Konsolen und technische Sachen interessierst, solltest du hier auf jeden Fall vorbeischauen!

Eberhardstr. 7
72764 Reutlingen

Mo - Fr 10:30 - 19:00 Uhr
Sa 10:30 - 16:30 Uhr

Maro

Maro bietet eine große Auswahl an Konsolen- und PC-Spielen. Auch ein breites Angebot an japanischen Comics (Mangas), gebrauchten Spielen und Konsolen sind dort zu finden. Maro besitzt außerdem noch einen Bereich ab 18 Jahren mit indizierten Spielen.

Karlstraße 1
72764 Reutlingen

Tel.: 07121 320014

Unterhaltung

Du willst deine Freizeit nicht nur vor dem PC oder dem Fernseher verbringen? Dann haben wir auf den nächsten Seiten genau das Richtige für dich! Hier findest du die besten Tipps, egal ob Kino, schwimmen oder Bowling – da ist für jeden etwas dabei!

Veranstaltungen Reutlingen

Reutlingen bietet über das Jahr jede Menge Veranstaltungen. Egal ob bei den Nachtschwärmern, der Live-Nacht, am Heiligen Morgen oder beim Late - Night - Shopping - bei diesen Kultveranstaltungen ist ganz Reutlingen unterwegs. Kein Wunder, denn hier ist für jeden Geschmack etwas dabei!

Nachtschwärmer
Das ist Reutlingens größte Party, denn hier ist wirklich die gesamte Stadt unterwegs. Zweimal im Jahr haben alle angesagten Locations die ganze Nacht offen und ihr könnt Party machen wann, wo und mit wem ihr wollt!
Perfekt um neue Leute kennen zu lernen.

Live-Nacht
Wer es ein bisschen gemütlicher mag, ist bei der Live-Nacht genau richtig.
In jeder Bar spielt eine Band oder ein Solokünstler aus der Region live für euch. Die Musikrichtung entspricht meistens dem Konzept der jeweiligen Bar. Zwischendrin gibt es immer wieder eine halbe Stunde Pause, so könnt ihr in aller Ruhe von Location zu Location ziehen, wenn ihr mehrere Bands sehen und hören wollt.

Heiliger Morgen
Es ist der Morgen des 24. Dezember und du hast noch keine Geschenke? Dann ab zur absoluten Kultveranstaltung in Reutlingen: Die Läden haben bis 12:00 Uhr geöffnet und danach kann man sich mit vielen anderen Leuten an Ständen tummeln und heißen Glühwein genießen.

Stadtbibliothek Reutlingen

Du möchtest zu Hause ein Buch lesen, aber kein Geld ausgeben? Oder du möchtest dich einfach nur über ein bestimmtes Thema informieren? Dann schau doch mal in der Stadtbibliothek Reutlingen vorbei! Du wirst eine sehr gut sortierte Bibliothek finden, mit Jugendbüchern, Fachbüchern und Filmen von A-Z! Du kannst dir über Automaten alles selbst ausleihen oder wenn du keine Zeit hast, geht es auch zu Hause gemütlich übers Internet. Für deine Fragen steht dir das freundliche Personal jederzeit zur Verfügung. Und falls du noch unter 18 bist, ist der Bibliotheksausweis für dich kostenlos! Worauf wartest du?

You want to read a book without spending money on it? You want to make research on a special topic? Then you should visit the Stadtbibliothek Reutlingen!

Unterhaltung

Spendhausstr. 2
72764 Reutlingen

Öffnungszeiten:
Di - Fr 10:00 - 19:00 Uhr
Sa 10:00 - 13:00 Uhr

Tipp

www.stadtbibliothek-reutlingen.de

Märkte

Weihnachtsmarkt

In Reutlingen findet jedes Jahr im Dezember ein Weihnachtsmarkt rund um die Marienkirche statt, auf dem ihr an verschiedenen Ständen nach schönen handgemachten Sachen stöbern könnt. Wer eine Pause braucht, kann sich leckere Waffeln oder einen Glühwein gönnen. Aber natürlich gibt es noch mehr Auswahl an Speisen, denn es sind viele Lokale und Restaurants vertreten. Auch Schulen und kleinere Vereine haben ihre Stände.

Schokomarkt Tübingen

In der Weihnachtszeit findet in Tübingen ein Schokomarkt in der historischen Altstadt statt. Auf über 1000qm kannst du an mehr als 100 Schokopfad-Stationen schlemmen und Schokolade essen soviel dein Herz begehrt. Doch das ist nicht alles - du kannst auch Schoko-Ausstellungen, -kochkurse, -massagen und vieles andere besuchen und bestaunen. Für Schokoladenliebhaber ein absolutes Muss!

- Der Schokomarkt in Tübingen ist Deutschlands größtes Schokoladenfestival

- Auf dem Reutlinger Weihnachtsmarkt findet täglich eine Bühnenshow mit Adventskalender statt

Tipp
Waffeln für 0,50 Cent an allen Ständen beim Reutlinger Weihnachtsmarkt

Tomo Bräu

Tomo Bräu ist eine eigene kleine Hausbrauerei mit einem integrierten Restaurant, in dem es sich superlecker essen lässt.

Was diese Brauerei so speziell macht, sind die verschiedenen Projektbiere, die jeden Monat neu entstehen und sehr vielfältig sind. Zudem finden hier auch Bierproben statt, und zwar immer am ersten Mittwoch im Monat. Ein weiteres cooles Special sind die Bierbrauseminare, die je nach Länge zwischen 13,90€ und 88,00€ kosten. Wer ein Seminar besucht hat, kennt sich danach nicht nur bestens in der Tomo Brauerei aus, sondern hat auch noch ein leckeres Essen + Bier mit inbegriffen. Und für diejenigen, die eben von diesem Bier zu viel getrunken haben und nicht mehr heimfahren können, bietet die dazugehörige Pension immer ein hübsches Zimmer an.

"Tomo Bräu" is a lovely brewery with a lot of different fun events and specials.

Unterhaltung

Im Gässle 5
Reutlingen-Betzingen

Öffnungszeiten:
Sommer (15.4-14.10)
tägl. 11:30 - 01:00 Uhr
Winter (14.10-15.4)
Mo - Fr 15:00 - 01:00 Uhr
Sa, So & an Feiertagen
11:30 - 24:00 Uhr

Tipp

großes Bier 3 €

Eishalle

Die Eishalle in Reutlingen ist im Winter ein sehr beliebter Ort für alle Altersklassen. Die Öffnungszeiten sind super, denn die Türen der Eishalle sind lange geöffnet – so steht einem tollen Nachmittag auf dem Eis nichts mehr im Weg! Schlittschuhe könnt ihr euch dort ausleihen und dann geht's ab auf die Eisfläche. Bei cooler Musik könnt ihr zusammen mit euren Freunden Runden ziehen und Pirouetten drehen. Wenn ihr zwischendurch Hunger und Durst habt, gibt es in der Eishalle auch eine Cafeteria.
Im Sommer ist die Eishalle zwar geschlossen, aber es finden andere Veranstaltungen wie Flohmärkte und die Tattoo Convention statt.

The rink offers lots of room to go skating and the rink has also a Cafeteria.

Rommelsbacher Str. 55
72760 Reutlingen

Tel.: 07121/37 05 80

Öffnungszeiten:
täglich außer Donnerstag
Näheres siehe Homepage

Tipp

www.eishalle-reutlingen.de

Achalmbad

Draußen regnet es mal wieder und du hast keine Ahnung was du machen sollst? Oder du hast einfach richtig Lust schwimmen zu gehen? Dann bist du hier im Reutlinger Achalmbad genau richtig! Egal ob mit der Familie, deinen Freunden oder alleine: hier kannst du ganz bestimmt einen tollen Nachmittag verbringen! Das Achalmbad bietet ein 25 Meter langes Schwimmbecken, das bestens zum Bahnen schwimmen geeignet ist und kostenlose Fitnessgeräte zum auspowern an. Für wenig Extrageld kannst du es dir auch in der Sauna oder im Solarium gemütlich machen. Und wenn du nach dem Sport gerne noch etwas essen möchtest, findest du im Bistro viele leckere Snacks. Super, für alle, die ein paar schöne Stunden mit Freunden oder der Familie verbringen wollen und gerne im Wasser sind!

A place where you can have fun in the water, even if the weather isn´t on your side.

Unterhaltung

Albstraße 17-19
72764 Reutlingen

Tel.: 07121/582-3091

Öffungszeiten:
Mo, Mi & Fr 18:00 - 22:00 Uhr
Di - So 10:00 - 22:00 Uhr

Tipp
Erwachsene und Jugendliche ab 16 Jahren : 3,50€

Wellenfreibad Markwasen

Jedes Jahr am 1. Mai ist es wieder soweit: Das Wellenfreibad Markwasen in Reutlingen ist wieder für alle, die nicht genug von Sonne, Wasser und Spaß haben können, geöffnet! Ein Schwimmerbecken, ein Springerbecken und ein Wellenbecken zum abkühlen, zwei große Rutschen und ein 10m-Turm sorgen für jeden Menge Abwechslung und Fun! Für ein zusätzliches Kinderbecken für die Kleinen ist natürlich auch gesorgt. Auf der Tribüne oder der großflächigen Liegewiese hat es genug Platz, um sich zu entspannen und so richtig schön braun zu werden!
Hier kannst du den ganzen Tag mit deinen Freunden Spaß haben, relaxen und den Sommer genießen!

Visit the open air pool Reutlingen to enjoy your summer to the fullest.

Hermann-Hesse-Straße 40
72762 Reutlingen

Tel.: 07121/5823792

Öffnungszeiten:
Mo, Mi & Fr 06:30 - 20:00 Uhr
Di, Do, Sa & So 07:30 - 20:00 Uhr

Tipp
Erwachsene und Jugendliche ab 16 Jahren: 3,50€

Echazbad

Falls das Wetter nicht mitspielt oder ihr euch einfach einen schönen Nachmittag mit Freunden oder der Familie machen wollt, findet ihr natürlich auch in Pfullingen ein Hallenbad. Für Wassernixen hält das Pfullinger Echazbad ein 31°C warmes Sprudelbecken mit Fontänen und einem Wasserfall bereit. Falls du lieber ein paar Bahnen schwimmen möchtest oder die Höhe liebst, ist das Schwimmerbecken mit Sprungturm super geeignet für dich! Außerdem gibt es ein Nichtschwimmerbecken für die Kleineren aus der Familie. Die Wertkarten gelten auch für das Pfullinger Freibad.

Pfullingen has also an inside swimming pool where you are welcome to spend time not only when it´s bad weather outside. Great and different basins with warm water invite you to relax or simply swim inside.

Unterhaltung

Klemmenstraße 16
72793 Pfullingen

Öffnungszeiten:
Di - Mi 6:30 - 21:00 Uhr
Fr 10:00 - 21:00 Uhr
Sa - So 8:00 - 17:00 Uhr

Tipp
Erwachsene 4,20€/Erm.
1,80€

Schönbergfreibad Pfullingen

Es ist schon Abend, aber immer noch heiß und du warst den ganzen Tag unterwegs? Dann ist das Pfullinger Freibad ein echter Geheimtipp für dich! Denn abends kommen alle Wasserratten für nur 1 € Eintritt rein!
Doch natürlich kannst du auch nachmittags auf den Liegewiesen oder beim Beachvolleyball den Sommer voll auskosten und genießen. Außerdem sorgen ein Schwimmerbecken mit Sprungturm und ein Nichtschwimmerbecken für tolle Abwechslung und viel Spaß. Ein superschöner Ort, um einen tollen Sommertag mit deiner Clique zu verbringen!

Another open-air pool is located in Pfullingen reachable by car, bus or bike. Special about this one is the special rate in the evening when the admission charge is just 1 €.

Klosterstraße 118
72793 Pfullingen

Tel.: 07121 750800

Öffnungszeiten:
täglich 06:30 - 21:00 Uhr

Tipp
Erwachsene ab 18 Jahren
4,20€ und Jugendliche bis 18 Jahre 1,80€

Waldfreibad Eningen

In Eningen findet ihr eines der beliebtesten Freibäder in der Umgebung. Hier ist der perfekte Platz, um den Sommer mit vielen Freunden zu genießen! Egal ob ihr auf den großen Liegewiesen oder den Liege-Pritschen einfach nur chillt und euch die Sonne ins Gesicht scheinen lasst oder ob ihr eher auf die sportlichen Sachen steht. Denn natürlich ist auch dafür gesorgt: Beach–Volleyballfeld, Tischtennisplatte, Schachfeld, ein 50m Becken und natürlich der Sprungbereich mit 1m- und 3m-Sprungtürmen bieten eine super Gelegenheit sich auszutoben. Ein tolles Event ist auch das Nachtbaden, bei dem die Tore die ganze Nacht geöffnet sind und ihr das Freibad mal anders erleben könnt.
Also schnapp dir deine Clique und dann ab ins Wasser!

In Eningen is also an open-air pool which can be visited from May till September.

Unterhaltung

Freibad 1
72800 Eningen

Öffnungszeiten:
geöffnet von Mai bis September
8:00 - 20:00 Uhr
für Frühschwimmer: Di & Do ab 7:00 Uhr

Tipp

**Schüler und Studenten
1,80 €**

Freibad Tübingen

Das Tübinger Freibad hat von Mai bis September geöffnet und gilt als eines der schönsten Bäder der Region. Es ist für alle etwas dabei: es gibt alles vom Kinderplanschbecken, Wasserpilz, Wasserfall und tollen Rutschen bis hin zum Nichtschwimmerbecken, Schwimmerbecken und Sprungbereich. Auch die sportlichen Aktivitäten kommen nicht zu kurz, denn, neben einem Aquafitness-Porgramm, findet sich ein Ort für Basketball, Fußball, Beachvolleyball und Tischtennis. Es gibt auch einen FKK-Bereich.

People, who like sun bathing and swimming are exactly right here, but you can do sports too like basketball or beachvolleyball.

Tübinger Freibad
bei den Sportanlagen bei der Europastraße

Öffnungszeiten:
Ab Beginn bis 21.07: 6.00-20.30Uhr
Ab 22.07: 6.30-20.30Uhr
Ab 12.08: 7.00-20.30Uhr
Ab 31.08: 7.30-20.30Uhr

Tipp

www.swtue.de/baeder/freibad.html

Alb Thermen Bad Urach

Hier findet man eins der schönsten und traditionsreichsten Bäder Europas: die Alb Thermen.
Im Jahr 2007 komplett neu renoviert, bieten sie nun verschiedene Becken im Innen- und Außenbereich, in denen es sich einfach supergut entspannen lässt. Ihr könnt euch vor eine Massagedüse setzen oder euch in der Schwimmhalle in reinstem Quellwasser einfach nur treiben lassen.
Im Fitnesscenter könnt ihr euch so richtig auspowern und danach entweder gleich in der großzügig angelegten Wellnessoase entspannen oder erst noch einen Abstecher zu den Erlebnisduschen machen – Entspannung für alle Sinne.
Natürlich findet ihr auch eine große und sehr schön gestaltete Saunalandschaft.

"Alb Thermen" are a perfect place to relax and swim but you can also enjoy the sauna and spa. Or go to the fitnessrooms.

Bei den Thermen 2
72574 Bad Urach

Öffnungszeiten:
Mo - Do 8:30 - 22:00 Uhr
Fr & Sa 8:30 - 23:00 Uhr
So & Feiertags 8:30 - 21:00Uhr

Tipp
www.albthermen.de
Mo - Fr: 3,5 Std. 10,30€

Panorama-Therme Beuren

In Beuren befindet sich eines der schönsten Thermalbäder in Süddeutschland. Die unterschiedlich temperierten Wasserbecken, der Dampfbadebereich, eine Thermengrotte und eine große Saunalandschaft sind perfekt zum entspannen und um es sich so richtig gut gehen zu lassen. Vor allem bei Pärchen ist die Panorama Therme ein sehr beliebtes Freizeitziel.

Am Thermalbad 5
72660 Beuren

So - Do: 08.00 - 22.00 Uhr
Fr & Sa: 08.00-23.00 Uhr

Jugendcafé

Das Reutlinger Jugendcafé ist eine Einrichtung der Offenen Jugendarbeit unter der Trägerschaft der Stiftung Jugendwerk Reutlingen. Es dient als Treffpunkt für Jugendliche ab 14 Jahren und bietet für dich einen Tischkicker, Billard, PCs mit Internet und sogar eine Playstation mit Großbildleinwand.

Federnseestr. 4
72764 Reutlingen

Tel.: 07121 337880
E-Mail: jugendcafe-reutlingen@t-online.de

City Bowling Reutlingen

Draußen ist schlechtes Wetter? Oder du und deine Freunde habt einfach keine Ahnung, was ihr heute Mittag machen sollt oder wie ihr euren Abend verbringen wollt? Dann seid ihr hier genau richtig! Im City Bowling Reutlingen wird es euch bestimmt nicht langweilig. Ihr könnt bei lässiger Musik bowlen bis zum umfallen und wenn ihr eine Pause braucht, gibt es leckere Snacks und chillige Plätze.

Metzgerstraße 59
72764 Reutlingen

Tel.: 07121/338555

Unterhaltung

Dream Bowl Metzingen

Hier kannst du dich so richtig amüsieren! Egal ob auf den 14 hochmodernen Bowlingbahnen mit Schuhverleih, an der Bar oder bei den Billardtischen und den Spielautomaten – du findest bestimmt etwas, was dir und deinen Freunden Spaß macht!

Am Wochenende gibt es immer besondere Angebote: Jeden Freitag ist Disko-Bowling angesagt mit einem DJ und einem Gewinnspiel mit tollen Preisen und Samstag- und Sonntagabend findet Moonlight-Bowling statt.

Wir raten euch zu reservieren, da das Dream Bowl sehr angesagt und beliebt ist!

This is the place to really have fun. You can decide if rather you and your friends wanna play bowling, have a drink at the bar or play billiard there everything is possible. Specials are on every friday when it´s time for disco bowling and every saturday and sunday when there is moonlight bowling.

Auchtertstr. 7-9
72555 Metzingen

Tel.: 07123 200575

Mail: me@dreambowl.de

Tipp

Schon für 16 - 20 € kannst du hier bowlen!

Planie Kino

Das Planie-Kinocenter ist Reutlingens einziges Kino. Auf 7 Leinwänden könnt ihr die aktuellsten Kinofilme ansehen. Es hat nicht nur eine 3D-Leinwand, sondern bietet auch die größten Blockbuster in der englischen Originalsprache an. Falls ihr unterwegs Karten reservieren oder einfach nur nachsehen wollt, was für Filme gerade laufen, gibt es für euch die Cineplex-App.

Gartenstraße 51
72764 Reutlingen

Tel.: 01805 546678

Kino Blaue Brücke

Das Kino ist im Stadtzentrum von Tübingen und vom Hauptbahnhof in circa 10 Minuten zu erreichen. Insgesamt finden 637 Leute auf drei Säle verteilt Platz! Jeder Saal ist mit modernsten Tonstandards ausgestattet und der erste Saal hat eine extra steile Abtreppung für perfekte Sicht! Die Preise sind mit 6,50€ Schüler- und Studentenfreundlich. Bei 3D-Filmen werden noch mal 2,50€ dazugerechnet.

Friedrichstraße 19
72072 Tübingen

Tel.: 07071 23661

Open Air Kino-Reutlingen

Ihr sucht Abwechslung zum normalen Kino? Dann ist das Open Air Kino Reutlingen genau das Richtige für euch! Im Spitalhof am Marktplatz könnt ihr unter freiem Himmel Heimatfilme und die aktuellen Kinocharts genießen – auf einer super großen Leinwand! Für eure Verpflegung sorgt das Café Nepomuk bestens. Falls das Wetter nicht so mitspielt und es regnet, wird ein Zelt aufgebaut und alle Zuschauer bekommen Kuscheldecken – so steht einem schönen Abend nichts mehr im Weg!
Karten könnt ihr beim Konzertbüro oder beim GEA Service Center für 7€ kaufen.

This is the perfect alternative to the normal cinema because it´s outside. When the weather should not be delightful there is going to be a big tent and a lot of blankets for you.

- Spitalhof Reutlingen

- im August

- Einlass: 20:00 Uhr
Beginn: 21:00 Uhr

- mit Bewirtung

Tipp

www.openairkino-rt.de

Herzlich Willkommen im
Cafe-Restaurant Schwarz-Weiß

Ein gemütliches und festliches Ambiente erwartet Sie in unseren Räumlichkeiten.
Unser Gastraum bietet Ihnen 50 Sitzplätze

Für Hochzeiten, Familienfeiern und Events jeglicher Art steht Ihnen unser
großer Saal mit bis zu 250 Sitzplätzen zur Verfügung.

An sonnigen Tagen bewirten wir Sie auch gerne auf unserer Terrasse.

Marie Curie Str. 24 - 72760 Reutlingen - Telefon 07121 / 62 48 56

72764 Reutlingen · Karlstr. 9 · Tel.: 07121·46454
72810 Gomaringen · Unter der Steigstr. 2 · Tel.: 07072·60305

www.fahrschule-rein.de

Bars & Restaurants

Es ist Freitag oder Samstagabend und du weißt nicht, was du machen sollst oder willst mit deinen Freunden ausgehen und weißt nicht wohin? Verbringt den Abend doch in einer der angesagtesten Bars von Reutlingen, geht schön essen! Die folgenden Seiten verraten dir, wo es am Besten schmeckt und ihr am meisten Spaß habt.

Mezcalitos

Das angesagte Restaurant ist jeden Freitag- und Samstagabend eine der beliebtesten Anlaufstellen Reutlingens. Das Mezcalitos besteht aus einem Restaurant, in dem ihr gemütlich mit Freunden etwas essen könnt und ist perfekt für einen schönen Abend. Gegenüber ist die Cocktailbar, in der ihr den ein oder anderen Cocktail genießen könnt. Natürlich bekommt ihr im Restaurant auch Cocktails, allerdings ist die Cocktailbar eher etwas, wenn man eine Zwischenstation sucht, bevor es im Reutlinger Nachtleben weitergeht. Egal was ihr sucht – hier findet ihr bestimmt etwas! Allerdings sollte man vorher anrufen und reservieren, da das Mezca vor allem am Wochenende immer sehr voll ist!

A very hip restaurant with its own cocktailbar. Perfect for a nice evening with friends or before you go into the nightlife!

Lederstraße 126
72764 Reutlingen

Tel.: 07121 338728
Öffnungszeiten:
Mo – Do 17:00 – 01:00 Uhr
Fr & Sa 17:00 – 02:00 Uhr
So ab 12:00 Uhr

Tipp

Cocktails ab 4,50 €

Déjà-vu

Tagsüber ist das Déjà-vu eine beliebte Anlaufstelle für die Mittagspause, denn hier bekommt ihr die leckersten Crêpe-Variationen schon ab 3,90€!
Abends ist es allerdings eines der Trendlokale im Reutlinger Nachtleben. Wenn ihr mit Freunden den neuesten Tratsch bei einem – oder auch zwei ;) – leckeren Cocktails austauschen wollt, dann seid ihr hier genau richtig! Das schöne Flair macht den Abend dann wirklich richtig besonders.
Es lohnt sich donnerstags oder freitags vorbei zuschauen, denn da gibt es super billig einen Caipirinha für nur 2,50 €! Und für alle Ladies: Bei der Ladies-Night jeden Mittwoch bekommt ihr 50% auf alle Cocktails ab 18 Uhr!

This crêperie and bar is an insider tip: small, but you can enjoy at day and night-time a cocktail or a crêpe in this beautiful bar.

Bars & Restaurants

Kaiserpassage 10
72764 Reutlingen

Tel.: 07121 300334

Öffnungszeiten:
Mo-Do 11:00 - 24:00 Uhr
Fr 11:00 - 01:00 Uhr
Sa 17:00 - 01:00 Uhr

Tipp

Jeden Donnerstag und Freitag: Caipis für 2,50

Café Nepomuk

Das Café Nepomuk liegt im selben Gebäude wie das Kulturzentrum FranzK und hat damit eine super Lage! Hier findest du hauptsächlich vegetarische Gerichte. Kaffee und Tee sind aus fairem Handel und die Gerichte sind alle aus biologischem Anbau. Hier werden Gastronomie und Kultur verbunden, denn das Café sieht sich als soziokulturelles Zentrum. Dadurch ist das Publikum auch sehr gemischt.
Vor allem im Sommer bietet sich der große Biergarten perfekt für einen schönen Abend an! Schaut mit euren Freunden doch einfach mal vorbei!

This cafe is located next to the culture centre FranzK and thats why culture and restaurant is mixed. All the foods are from organic farming and every veggie is going to love this place. In summer there is a cool outside area where you can hang out with friends and have a good time.

Unter den Linden 23
72762 Reutlingen

Tel.: 07121/334828

Öffnungszeiten:
Mo 18:00 - 23:00 Uhr
Di - Sa 10:00 - 24:00 Uhr
So 10:00 - 23:00 Uhr

Tipp

www.cafe-nepomuk.de

Udo Snack

Udo Snack ist Kult in Reutlingen. Vielen ist er sogar einen Umweg nach Reutlingen wert! Leute aus der ganzen Region kommen her, um hier einen der leckeren Burger zu essen. Hier findest du eine große Vielfalt an Fast Food: Cheese-, Egg-, und viele andere Burger sowie Currywurst und Pommes. Dank der vielen Salate und Gemüseburger ist natürlich auch was für jeden Vegetarier dabei! Und du kannst zusehen, wie die Burger frisch vor deinen Augen zubereitet werden!

This is a really special place in Reutlingen. Many people even come here from far away just to have one of the delicious burgers they serve there. Of course those are made fresh in front of your eyes and fast food gets a whole new meaning.

Bars & Restaurants

Kaiserstraße 19
72764 Reutlingen

Öffnungszeiten:
Mo - Sa 10:00 - 24:00 Uhr
Sonn- & Feiertage 11:00 - 23:00 Uhr

Tipp

Cheeseburger 2,30€

Salat- & Suppenbar

Die Salat- und Suppenbar ist die perfekte Anlaufstelle für eure Mittagspause! Hier findet ihr ein großes Salatbuffet und verschiedenen Suppen mit leckeren Brötchen. Aber auch verschiedene Pastagerichte werden angeboten. Wasser gibt es gratis dazu und die Gerichte sind auch insgesamt sehr preiswert. Vor allem Schüler verbringen hier in einer entspannten Atmosphäre sehr gerne ihre Mittagspause!

If you have just a short lunch break but want something warm or fresh to eat you can't miss the Salat und Suppenbar- there you can have a delicious lunch for little money!

Wilhelmstraße 124
72764 Reutlingen

Öffnungszeiten:
Mo & Sa 11:00 - 16:00 Uhr
Di - Fr 11:00 – 20:00 Uhr

Tipp

kleine Suppe 3,40 €

Pastavino

Ob man sich gemütlich zum Kaffee trinken trifft, am Wochenende einen Cocktail schlürfen will oder feiern gehen möchte – der ist beim Pastavino auf jeden Fall an der richtigen Adresse! Es lohnt sich auch öfter vorbeizuschauen, denn jeden Freitag steigen im „Pasta" die Neon Nights-80s and more, bei denen wechselnde DJs auflegen und ihr so richtig Party machen könnt. Eine Location mit Charakter und ein Muss in der Reutlinger Szene! Schaut doch einfach mal vorbei und chillt oder feiert bei cooler Musik. Pasta? Basta!

„Neon Nights-80s and more" every friday with different DJs at Pastavino.

Bars & Restaurants

Oberamteistr. 14
72764 Reutlingen

Tel.: 07121 329129

Öffnungszeiten:
Mo - Sa ab 10:00 Uhr
So ab 14:00 Uhr

Tipp
Caipirinha 5,00 €
Schinkenbaguette 3,80 €

Coffreez

Coffreez ist die neue angesagte Coffeebar in Reutlingen eine Frozen Coffeebar. Hier findet ihr eine große Auswahl an verschiedenen Kaffeespezialitäten, Tees, andere Getränke sowie auch einige Snacks für zwischendurch. Alle hier verwendeten Produkte sind Bio- zertiviziert und es ist garantiert für jeden Geschmack etwas dabei. Die trendige Atmosphäre, die moderne Einrichtung und die freundlichen Mitarbeiter laden zum chillen mit Freunden bei einem Kaffee ein mit guter Musik. Also schaut doch einfach mal auf ein Getränk vorbei und überzeugt euch selbst.

Enjoy the great sortiment of different kinds of coffee, tea, hot and cold food. The perfect place to hang out with friends or have a coffee to go after a shopping-trip.

Katharinenstraße 14
72764 Reutlingen

Tel.: 07121 3888062

- weitere Infos bekommst du auch auf Facebook

Tipp
Frozen Cappuccino 2,79€

Eisdielen

Wenn es draußen heiß ist, ist ein leckeres Eis genau das Richtige für dich. Natürlich gibt es auch in Reutlingen viele Eisdielen.

Unten am ZOB findest du zum Beispiel die Eisdiele La Piazza, bei der du auch etwas ausgefalleneres Eis schlemmen kannst.

Eine ebenfalls sehr schöne und vor allem beliebte Anlaufstelle für Eisfans ist das Hubis. Hier wird eine große Auswahl an Eissorten, aber auch Milchshakes, Snacks, Getränke, Kaffees und vieles mehr angeboten. Schau ruhig mal vorbei!

Und wenn du an all diesen Eiscafés vorbeigegangen bist, dann wirst du vermutlich am Ende der Reutlinger Wilhelmstraße am Eiscafé Soravia schwach werden, denn auch hier gibt es sämtliche Eissorten, die dein Herz begehrt.

Damit dürften die heißen Tage des Sommers voll ausgekostet sein, oder?

Bars & Restaurants

- an jeder Ecke zu finden

- viele verschiedene Eissorten

- große Auswahl an Milchshakes und Eisbechern

Tipp
Eine Kugel Eis kostet rund 0,80 €

Woody's

Das Billardcafe ist eine beliebte Anlaufstelle für alle Altersklassen! Hier findest du eine großräumige Bar mit Billardtischen, Kicker, Dart und Spielautomaten in einer tollen Salon-Atmosphäre. Das Woodys punktet außerdem mit super langen Öffnungszeiten – ist also bestens geeignet, wenn alle anderen Kneipen schon zu haben. Auch für Abende mit vielen Personen oder Stufentreffen ist das Woody´s pefekt!

The Woody´s is a great billiard cafe and also a bar for everyone. While having a drink with friends let´s have a game of billiard. And since this bar is open quite long it's the perfect place to go when every other bar is already closed.

Reutlingen-Oststadt
Seestraße 38
72764 Reutlingen

Tel.: 07121 479109

Tipp
Für größere Gruppen super geeignet!

Leonardo

Das Leonardo ist ein echter Geheimtipp unter den Feinschmeckern. Es befindet sich in einem eher unscheinbaren Gebäude etwas abseits der Reutlinger Innenstadt. Dafür bekommt man eine schöne Aussicht durch die großen Fenster über Reutlingen. Da kann man ein leckeres Essen und ein Glas Wein genießen! Falls ihr eine Veranstaltung plant, könnt ihr den Raum für Gruppen bis 70 Personen auch reservieren.
Mit 3€ für eine 0,2 Weiß-/Rotweinschorle oder 6€ für eine leckere, frisch zubereitete Pizza ist es auch sehr geldbeutelfreundlich und du kannst den Abend entspannt ausklingen lassen.

This is one more insider tipp, because the restaurant is hidden a little bit. But still you get food and drinks for really good prices. Looks like the perfect place to go with a bunch of friends, don't you think?

Bars & Restaurants

Am Heilbrunnen 47
72762 Reutlingen

Tel.: 07121 434556

Öffnungszeiten:
Mo - Fr 11:30 - 14:00 Uhr
und 18:00 - 23:00 Uhr
Sa 18:00 - 23:00 Uhr

Tipp
www.ristorante-leonardo.de

Dolce

Was tagsüber ein Restaurant mit leckeren Angeboten vor allem für die Mittagspause ist, wird abends zur angesagten Bar. Allerdings ist das Mindestalter im Dolce abends 25 Jahre. Für diejenigen, die rein dürfen, lohnt es sich jedoch auf jeden Fall: Gemütliches Ambiente mit schöner Lichttechnik erwartet sie.

Gartenstr. 28
72764 Reutlingen

So - Mi 11:00 - 0:00 Uhr
Do   11:00 - 1:00 Uhr
Fr & Sa 11:00 - 2:00 Uhr

Piatto

Das italienische Selbstbedienungsrestaurant auf zwei Stockwerken bietet selbstgemachte Pasta und Pizza in allen Variationen an. Im oberen Stockwerk befinden sich eine Bar und viele Sitzmöglichkeiten. Unten ist die große Theke, an der man bei der Zubereitung seines Essens zusehen kann. Die Preise sind sehr Schüler- und Studentenfreundlich!

Eberhardstraße 9
72762 Reutlingen

Mo - Do: 11:00 – 22:00 Uhr
Fr & Sa 11:00 –24:00 Uhr

La mela

Wer den Tag schön entspannend ausklingen lassen will, ist bei La mela genau an der richtigen Adresse. Hier erwarten dich eine stilvolle Einrichtung, freundliches Personal, gute House Musik und das Beste: Eine vielseitige italienische Speisekarte mit einer großen Auswahl an Cocktails. Außerdem kannst du hier eine Hauptmahlzeit bereits ab einem Preis von 3,90€ genießen!

Kaiserpassage 5
72766 Reutligen

Tel.: 07121 346770

Valentino

Das Valentino lädt zu einer gemütlichen Atmosphäre ein und bei sonnigem Wetter hat es sogar noch draußen Platz. Es gibt von Pizza über Salate, Grillspezialitäten bis hin zu leckeren Cocktails alles, was das Herz begehrt. Es ist wie geschaffen für ein Mittagessen oder ein Frühstück.

Kaiserpassage 6
72764 Reutlingen

Tel.: 07121 3649550

Alexandre

Das Alexandre wirbt mit geselliger Atmosphäre und mit freundlichem Empfang am Morgen. Es hat ein tolles Frühstücksangebot und leckere Angebote für das Mittagessen. Das große Getränkesortiment lädt zu coolen gemeinsamen Abenden mit Freunden ein. Im Großen und Ganzen ist das Alexandre perfekt für Jung und Alt.

Marktplatz 20
72764 Reutlingen

Mo - So 8:00 - 1:00 Uhr
Fr & Sa 8:00 - 2:00 Uhr

Zucca

Im Zucca findet ihr einfach alles. Wenn ihr abends mit Freunden weggehen wollt, ist der Bar-Bereich genau das Richtige. Eine große Auswahl an Cocktails und eine 15 Meter lange Bar bieten das perfekte Ambiente für einen tollen Abend. Das Rauchen ist in dem durch eine Schiebetür abgetrennten Raucherbereich erlaubt. Eine große Terrasse lädt im Sommer zum gemütlichen Beisammensitzen ein.

Kanzleistr. 24
72764 Reutlingen

Mo-Fr   Mittagstisch
12:00 - 14:30 Uhr

Postbar

Die Postbar Reutlingen ist bekannt für gute Livemusik. Bei chilligen Sitzmöglichkeiten könnt ihr die Musik genießen und euch leckere Getränke und Cocktails bestellen. Das Publikum der Postbar ist gemischt von jung bis Mitte 30. Also ist das der perfekte Ort für einen coolen Abend unter Freunden.

Albstraße 25
72764 Reutlingen

Di - Do 17:00 - 2:00 Uhr
Fr - Sa 17:00 - 4:00 Uhr
So 17:00 - 2:00 Uhr

Reefs

Alle, die ausgefallene Speisen mögen, sind hier genau richtig! Ihr findet Amerikanisch-Australische Küche in modernem Ambiente in der preislichen Mittelklasse.
In einer wunderschönen Bar und Lounge ist es richtig gemütlich und einem tollen Abend mit Freunden steht nichts mehr im Weg!

Europastraße 40
727072 Tübingen

Mo - Sa 11:30 - 14:30 Uhr
18:00 - 0:00 Uhr

Achalm Restaurant

Das Achalm Restaurant bietet eine großen Auswahl an Essen und Trinken in gehobener Preisklasse. Es liegt direkt auf der Achalm und bietet eine wunderschöne Aussicht über ganz Reutlingen. Das Achalm Restaurant hat noch ein Hotel, in welchem man schöne Nächte verbringen kann.

Achalm (Gewand) 2
72766 Reutlingen
Tel.: 07121 4820

Di - So 11:00 - 24:00 Uhr

Da Piero

Wenn man sich einen richtig schönen Abend mit Freunden machen und schick essen gehen möchte, ist man hier genau richtig. Das edle italienische Restaurant bietet gehobene italienische/mediterrane Küche an. In der gemütlichen italienischen Atmosphäre kann man sich sehr wohlfühlen. Deswegen gehört es auch nicht zu den billigsten Restaurants.

Obere Wässere 4
72764 Reutlingen
Tel.: 07121 371137

Di – So 11:30 – 14:00 Uhr
           17:30 – 23:00 Uhr

Waldesslust

Das Gasthaus Waldesslust lädt ein, gute deutsche Küche mit regionalen Spezialitäten zu genießen.
Ein Hauptgericht gibt's hier schon ab 6,80 €!
Im Sommer kann man sich inmitten des Wasenwaldes im idyllischen Gastgarten mit Freunden gut unterhalten und wenn es mal mehr als ein „paar Freunde" sein sollten, steht für dich ein Saal mit einer Bühne bereit.

Gewand Mark 7
72762 Reutlingen

Tel.: 07121 240693
www.waldesslust.de

Ginza

Das Ginza befindet sich in der Innenstadt beim Planie-Kino. Es gibt dort japanische und chinesische Küche mit verschiedensten Nachspeisen. Es bietet auch ein Mittagsbuffet oder Running Sushi, aber auch Essen nach Karte an. Auch für Vegetarier gibt es eine tolle Auswahl!

Albtorplatz 3
72764 Reutlingen

Tel.: 07121 336665

Kohla

Die Kaiserhalle, kurz Kohla, ist ein sehr beliebter Treffpunkt und eine der bekanntesten Kneipen in Reutlingen. Es gibt dort gute Drinks und gute Musik. Montagabends findet dort immer Karaoke statt. Außerdem gibt es oft Auftritte von Livebands. Auch für das leibliche Wohl zu günstigen Preisen ist gesorgt. Am Wochenende wird Fußball geschaut.

Kaiserstraße 58
72764 Reutlingen

Tel: 07121 329747
www.kaiserhalle.com

Africa

Immer nur italienisch essen ist doch langweilig! Probier´s mal mit was neuem, wie wär´s mit afrikanisch? Im Africa hast du die Wahl zwischen 25 Gerichten aus Äthiopien und Eritrea, die unter anderem in echten afrikanischen Grilltöpfen zubereitet werden.

Schlachthausstraße 9
72074 Tübingen

www.africa-tuebingen.de

Neckarmüller

Im Neckarmüller in Tübingen wirst du stets mit gutem Essen und hauseigenem Bier versorgt. Der große Biergarten, der an das Restaurant anschließt, liegt direkt am Neckar. Und für alle, die sich für Bierbrauerei interessieren, bietet der Neckarmüller Führungen an.

Gartenstraße 4
72074 Tübingen

Tel.: 07071 27848
www.neckarmueller.de

Party

Was geht am Wochenende in Reutlingen so ab? Wo kann man am Besten abtanzen? Wo gibt's die leckersten Drinks? Die Antworten findet ihr hier!
Wir haben die angesagtesten Party- Locations in Reutlingen für euch zusammengestellt. Egal ob ihr lieber in Discos, Pubs oder unter freiem Himmel feiert – hier findet ihr bestimmt, was ihr sucht!

Kulturschock Zelle e.V.

Die Zelle ist ein selbstverwaltetes Jugendhaus mit einer coolen Bar. Hier rockt die kulturelle Alternative „Gegen Rechts", Atomkraft und Sexismus. Außerdem ist die Zelle ein beliebter Anlaufpunkt für alle jungen, regionalen, aber auch nationalen Bands, die hier Konzerte geben und der Menge mit Alternative-Musik so richtig einheizen.

Außerdem werden in der Zelle auch Theaterstücke aufgeführt und Workshops veranstaltet. Es besteht auch die Möglichkeit sich in der Zelle zu engagieren - jeden Dienstag um 20:00 Uhr findet eine öffentliche MitarbeiterInnen-Versammlung statt!

The Zelle is a place where youngsters can meet - usually during the day and evening. Here you can find a very nice bar but also workshops and different plays.

Albstraße 78
72764 Reutlingen

Tel.: 07121 340468

E-Mail: postfach@kulturschock-zelle.de

Tipp
Perfekte Alternative zu Mainstreamclubs

M-Park

Der M-Park ist eine der angesagtesten Discos in Reutlingen. Hier ist es immer voll und die Stimmung auf den zwei Dancefloors „Prisma" und „Pflaumenbaum" ist der Hammer! Dank abwechslungsreicher Musik kommt auch jeder auf seine Kosten. Und wenn man an seinem Geburtstag mit fünf Freunden kommt, gibt's kostenlosen Eintritt und eine Flasche Sekt umsonst!

Emil-Adolff-Str. 14
72760 Reutlingen

Fr & Sa 21:00 - 5:00 Uhr

Party

V.I.P.

Das V.I.P. ist eine Club Lounge Bar, die als kleiner außergewöhnlicher Club bezeichnet wird. Das V.I.P. befindet sich in der Reutlinger Innenstadt und spielt Musik in Richtung Dance. Der Einlass ist aber erst ab 21 Jahren. Immer am 2. und 4. Samstag im Monat legt 1210 Rhythms auf.

Kaiserpassage 3
72764 Reutlingen

Do 22:00 - 4:00 Uhr
Fr & Sa 22:00 - 5:00 Uhr

Trödler

Der Trödler ist eine geile Disco auf der Alb. Der Trödler bietet meist aktuelle Musik, der DJ spielt aber auch alte Schlager. Es gibt schon viele Stammgäste im Trödler und es kommen immer mehr dazu. Außerdem werden viele coole Events veranstaltet und bei den Leuten ist die Disco deswegen sehr beliebt.

Siemensstraße 19
72829 Engstingen

http://www.troedler-engstingen.de/

Top Ten

Das Top Ten ist ein Muss für alle Partyliebhaber ab 18 Jahren. Man kann auf den 3 Floors KLANG|RAUM, KLUB|RAUM und dem FIESTA die coole Partyatmosphäre genießen und die Nacht zum Tag machen. Außerdem findet ihr noch zusätzlich den KAFFEE|RAUM. Verschiedene DJs und viele Specials sorgen für eine abwechslungsreiche Unterhaltung bis in den frühen Morgen.

Reutlingerstraße 45 - 61
72072 Tübingen

Tel.: 07071 9425940

Perkinspark

Der Perkinspark ist einer DER angesagtesten Großraumdiskos in Stuttgart. Auf mehreren Dancefloors bekommen Partyliebhaber ab 18 Jahren Partyatmosphäre pur! Ständig wechselnde Events lassen es dort nie langweilig werden und manchmal öffnet die Disko auch für 16-jährige ihre Türen. Für mehr Infos schaut einfach auf die Homepage!

Stresemannstraße 39
70919 Stuttgart

www.perkins-park.de

P&K

Die P&K Tanzbar ist ein super beliebter Anlaufpunkt für alle jungen Leute in Reutlingen. Hier kannst du jeden Donnerstag und natürlich am Wochenende richtig Party machen. Das P&K bietet genug Platz für dich und deine Freunde. Wenn du eine private Party oder ein Fest planst, kannst du die Räume auch extra mieten!

Am Echazufer 25
72764 Reutlingen

Tel.: 07121 330810

Club Karma

Der neu aufgemachte und neu gestaltete Club Karma ist nicht der größte Club Reutlingens – dafür aber immer voll! Hier geht jeden Wochenende wirklich richtig was ab! Immer wieder wechselnde Veranstaltungen wie „Notte Magica" oder „Latino Night" machen das Karma zu einem super beliebten Club. Allerdings kommen hier nur Gäste ab 18 Jahren rein. Viele Getränkespecials versüßen den Abend zusätzlich.

Am Heilbrunnen 81
72766 Reutlingen

Öffnungszeiten:
Fr - Sa 23:00 - 05:30 Uhr

Penthouse

Das „Penthouse" in Stuttgart gilt als größte und aufwendigste Penthouse-Diskothek Europas.
Es gibt insgesamt fünf Bereiche: Restaurant, Lounge, Club International, Black Club und House Club.
Wenn du also mindestens 18 Jahre alt bist, solltest du dir das Penthouse nicht entgehen lassen! Es lohnt sich!

Heilbronner Straße 385
70469 Stuttgart

Tel.: 0711 5507222

Jazz in der Mitte

Jazz in der Mitte ist ein Jazzclub in der Reutlinger Innenstadt, bei dem der Eintritt freitags immer frei ist. Abends sind oft bekannte Livebands da, welche die Gäste mit ihrer Musik zu einem chilligen Abend einladen. Außerdem ist für Essen und Trinken gesorgt. Öfters finden auch Jamsessions statt.

Gartenstraße 36
D- 72764 Reutlingen

Tel.: 07121 334455

Jazzkeller Tübingen

Hier ist für jeden Geschmack etwas dabei. Der Jazzkeller in Tübingen bietet von Reggae über Hip Hop bis zu klassischem Jazz wirklich alles. Oben ist eine kleine, aber sehr gemütliche Bar – ideal zum ausspannen und tratschen. Ein paar Stufen weiter unten ist dann der wirkliche „Jazzkeller" mit einer schönen Bühne. Perfekt um neue Leute kennen zu lernen und eine lustige Nacht zu verbringen!

Haaggasse 15/2
72070 Tübingen

Tel.: 07071 55 09 06

Zoo

Der Zoo beim Tübinger Westbahnhof ist der älteste Club der Region. Hier wird viel gute Stimmung verbreitet und das Angebot ist breit gefächert. Der Zoo dient vor allem als Veranstaltungsort für Partys, Konzerte und Kleinkunstabende, man kann aber auch einfach nur eine Kleinigkeit essen oder chillen.

Schleifmühleweg 86
72070 Tübingen

www.zoo-tuebingen.de

Blauer Turm

Der Blaue Turm ist eine der angesagtesten Locations im Tübinger Nachtleben. Seit sieben Jahren finden hier immer wieder große Events mit den unterschiedlichsten DJ´s statt! Wer vor allem auf elektronische Musik steht, darf das nicht verpassen!

Friedrichstraße 21
72072 Tübingen

Jeden Donnerstag, Freitag und Samstag geöffnet

Hausbar

Die Hausbar ist bei jungen Leuten in Reutlingen super angesagt! Denn hier triffst du immer viele coole Leute, die am Wochenende einfach Party machen wollen. Und die Hausbar bietet sich dafür perfekt an! Durch ihre zentrale Lage in der Innenstadt ist sie schnell zu erreichen und man hat alle Möglichkeiten seine Nacht von dort aus weiter zu planen!

Oberamteistraße 12
72764 Reutlingen

Donnerstag, Freitag und Samstag geöffnet

FranzK.

Wenn ihr euch für Partys, Musik, Theater und Politik interessiert, seid ihr hier genau richtig, denn das FranzK. veranstaltet Konzerte mit angesagten Bands, Partys, Theateraufführungen sowie politische und künstlerische Projekte. Perfekt um neue Leute kennen zu lernen. Das Franz.K bietet für jede Altersgruppe viel Abwechslung! Es lohnt sich hier vorbeizuschauen!

Unter den Linden 23
72764 Reutlingen

Fax: 07121 6963339
E-Mail: info@franzk.net

Party

Mensa Morgenstelle

Wer Lust auf eine große Party hat, ist hier an der Morgenstelle genau richtig. Hier essen die Studenten am Mittag, aber abends finden an manchen Tagen die größten Partys von Tübingen statt. Die Studentenpartys sind aber nicht nur für Studenten - alle sind herzlich willkommen. Die Morgenstelle bietet 7 Bars und 5 DJ´s , ein totales Party-Highlight, dass du dir nicht entgehen lassen solltest!

Auf der Morgenstelle
72076 Tübingen

Reinweiss

Das Reinweiss ist ein echter Geheimtipp. Es bietet ein Café, eine Bar und eine Lounge in einem. Bei einer tollen Atmosphäre, klasse Gästen und einem abwechlungsreichen Monatsprogramm kommt hier wirklich keine Langeweile auf. Außerdem kann das Reinweiss für private Events wie Geburtstage oder Weihnachtsfeiern gemietet werden!

Oberamteistraße 11
72764 Reutlingen

Di - Sa geöffnet
Mo, So Ruhetag

Register

30°
A - Store
Achalm
Achalm Restaurant
Achalm-Squash
Africa
Alb Thermen Bad Urach
Alexandre
AOK Gesundheitszentrum
Baggersee Kirchentellinsfurt
Biosphärengebiet Schwäbische Alb
Blauer Turm
Bogenschießen
Botanischer Garten Tübingen
Café Nepomuk
City Bowling Reutlingen
Club Karma
Coffreez
da Piero
Déjà- vu
Dolce
Dream Bowl Metzingen
Echazbad
Eisdielen
Eishalle
Emka Freizeitcenter
engste Straße der Welt
Eninger Weide
Feuerwehrmuseum
Fitnesscenter
FranzK.
Freibad Tübingen
Friedrich-List-Halle
Ginza
Handball
Haupt- und Landesgestüt Marbach
Hausbar
Heimatmuseum
Industriegebiet West
Jazz in der Mitte
Jazzkeller Tübingen
Joggingstrecken
Jugendcafé
Kino Blaue Brücke
Kirchen in Reutlingen
Kletterpark Lichtenstein
Kohla
Kulturschock Zelle e.V.
Kunsthalle Tübingen
KuRT e.V.
la mela
Landestheater Tübingen (LTT)
Leonardo
Listhof
M - Park
Märkte
Maro
Mensa Morgenstelle
Mezcalitos
Motocross
Mountainbike
Mutscheltag
Naturkundemuseum
Naturtheater

Neckarmüller
Open Air Kino
Outlet - City Metzingen
P & K
Panorama - Therme Beuren
Pastavino
Penthouse
Perkinspark
Pfullinger Unterhose
Piatto
Planie Kino
Plattenlädle
Pomologie
Postbar
Reefs
Reinweiss
Risiko
S - Store
Salat- und Suppenbar
Schloss Lichtenstein
Schloss Tübingen
Schönbergfreibad Pfullingen
Shopping - Guide Frauen
Shopping - Guide Männer
Skifahren auf der Alb
Sportplätze
SSV Reutlingen
Stadtbibliothek
Stadtgarten
Städtisches Kunstmuseum Spendhaus
Stadtmauer, Gartentor, Tübinger Tor
Tanzschule Werz
Tanzwerk Reutlingen
Theater „Die Tonne"
Tomo Bräu
Top10
Trödler
Udo Snack
Uracher Wasserfall
Use Base
V.I.P
Valentino
Veranstaltungen Reutlingen
Waldesslust
Waldfreibad Eningen
Walter Tigers Reutlingen
Wellenfreibad Markwasen
Wilhelmstraße
Woody´s
Zoo
Zucca

Bildnachweis

Titelseite Natur – © StaRT
Biosphärengebiet Schwäbische Alb – enjoyReuT
Achalm – enjoyReuT
Uracher Wasserfall – enjoyReuT
Baggersee Kirchentellinsfurt – © GEA Archiv
Stadtgarten – © GEA Archiv
Botanischer Garten Tübingen – Botanischer Garten der Universität Tübingen
Pomologie – © GEA Archiv
Eninger Weide – enjoyReuT
Listhof – © Umweltbildungszentrum Listhof
Titelseite Kultur– © StaRT
Städtisches Kunstmuseum Spendhaus – © Städtisches Kunstmuseum Spendhaus
Naturkundmeuseum – © Naturkundemuseum
Heimatmuseum – © Heimatmuseum
Feuerwehrmuseum – © GEA Archiv
Landestheater Tübingen (LTT) – © Patrick Pfeiffer
Theater „Die Tonne" – © Die Tonne
Naturtheater e.V – © GEA Archiv
KuRT e.V. – © JR | D&F
Kunsthalle Tübingen – © GEA Archiv
Kirchen in Reutlingen – © StaRT
Stadtmauer, Gartentor, Tübinger Tor – © StaRT
Engste Straße der Welt – © StaRT
Friedrich Listhalle – © GEA Archiv
Pfullinger Unterhose – enjoyReuT
Schloss Lichtenstein – © StaRT
Schloss Tübingen – © Schloss Tübingen
Mutscheltag – © StaRT
Titelseite Sport – enjoyReuT
Fitnesscenter – enjoyReuT
Emka Freizeitcenter – © GEA Archiv
Tanzschule Werz – © 2011 Tanzschule Dietmar Werz
Tanzwerk Reutlingen – Yvonne Wiedmann
Sportplätze – enjoyReuT
Handball – © GEA Archiv
Joggingstrecken – enjoyReuT
SSV Reutlingen – enjoyReuT
Walter Tigers Tübingen – enjoyReuT
Mountainbike – enjoyReuT
Skifahren auf der Alb– enjoyReuT
Haupt- und Landesgestüt Marbach – enjoyReuT
AOK Gesundheitszentrum – © AOK
Achalm-Squash – enjoyReuT
Bogenschießen – enjoyReuT
Kletterpark Lichtenstein – enjoyReuT
Motocross – enjoyReuT
Titelseite Shopping – Jan Keupp
A – Store – Jan Keupp
Wilhelmstraße – © StaRT
Industriegebiet West – enjoyReuT
Outlet - City Metzingen– enjoyReuT
Shopping - Guide Männer – © GEA Archiv
Shopping - Guide Frauen – © GEA Archiv
30° – MVG GmbH
S – Store – F. Freitag
Risiko – ©Risiko
Plattenlädle – © Jörg Loose
Use Base – enjoyReuT
Maro – enjoyReuT
Titelseite Unterhaltung – © Therme Beuren

Veranstaltungen Reutlingen – © GEA Archiv
Stadtbibliothek Reutlingen – © Stadtbibliothek Reutlingen
Märkte – © StaRT
Tomo Bräu – enjoyReuT
Eishalle – enjoyReuT
Achalmbad – Achalmbad Reutlingen
Wellenfreibad Markwasen – Wellenfreibad Markwasen
Echazbad – Mit freundlicher Genehmigung der Stadt Pfullingen
Schönbergfreibad Pfullingen
Waldfreibad Eningen
Freibad Tübingen – © Freibad Tübingen
Alb Thermen Bad Urach – KANTO SPA GMBH
Panorama – Therme Beuren
Jugendcafé – enjoyReuT
City Bowling Reutlingen – © City Bowling Reutlingen
Dream Bowl Metzingen – enjoyReuT
Planie Kino – enjoyReuT
Kino Blaue Brücke – © Kino Blaue Brücke
Open Air Kino – StaRT
Titelseite Restaurants – © Pastavino
Mezcalitos – © Mezcalitos
Déjà-vu – © Déjà-vu
Cafe Nepomuk – enjoyReuT
Salat – und Suppenbar – © Salat- und Suppenbar
Pastavino – © Pastavino
Coffreez – enjoyReuT
Eisdielen – enjoyReuT
Woody´s – enjoyReuT
Leonardo – ©Leonardo
Dolce – enjoyReuT
Piatto – © 2011 Piatto Pizza & Pasta Lounge Reutlingen
La mela – enjoyReuT
Valentino – enjoyReuT
Alexandre – enjoyReuT
Zucca – enjoyReuT
Postbar – enjoyReuT
Reefs – enjoyReuT
Achalmrestaurant – enjoyReuT
Da Piero – enjoyReuT
Waldesslust – Thomas Wilke
Ginza – enjoyReuT
Kohla – enjoyReuT
Africa – enjoyReuT
Neckarmüller – enjoyReuT
Titelseite Party – © Perkins Park
Kulturschock Zelle e.V. – Sebastian Krüger
M-Park – © GEA Archiv
V.I.P. – enjoyReuT
Trödler – © Trödler
Top10 – © Top10
Perkinspark – © Perkinspark
P&K – © P&K
Club Karma – © GEA Archiv
Penthouse – © GEA Archiv
Jazz in der Mitte – enjoyReuT
Jazzkeller Tübingen – © Jazzkeller Tübingen
Zoo – © GEA Archiv
Blauer Turm
Hausbar – enjoyReuT
Franz K. – Marinko Belanov
Mensa Morgenstelle – © Mensa Morgenstelle
Studentenheim Tübingen – Hohenheim
Reinweiss – enjoyReuT

Danksagungen

Frau Lehari

Wir bedanken uns recht herzlich bei unserer Wirtschaftspatin Frau Lehari; sie war begeistert von unserer Idee und wollte sie gemeinsam mit uns umsetzen. Es gab nämlich noch keinen Stadtführer, der jungen Leuten Reutlingen und Umgebung näher brachte. Durch Frau Lehari und den Oertel + Spörer Verlag konnten wir das Projekt in Angriff nehmen. Wir konnten uns auf die Unterstützung von Frau Lehari stets verlassen und sie stand uns auch bei Fragen immer zur Verfügung. Auch wenn nicht alle immer einer Meinung waren, machte die Zusammenarbeit Spaß und wir haben bereits einiges dadurch gelernt.

Herr Klützke

Das Projekt „enjoyReuT" wäre ohne die Initiative und Hilfe von Herrn Klützke, unserem Seminarkursleiter, nie zustande gekommen. Durch ihn haben wir die Möglichkeit erhalten, uns am Schülerfirma-Programm „junior" zu beteiligen. Auch während der Gründung und Durchführung unseres Projekts stand er uns als Ratgeber und für Rückfragen immer zur Verfügung, genauso wie er an allen „Firmen-Sitzungen" teilnahm und unsere Vertragsentwürfe gegenlas. Wir möchten ihm hiermit für seine tatkräftige Unterstützung danken.

Anteilseigner

Wir haben es geschafft alle 90 der uns zur Verfügung stehenden Anteilscheine mit jeweils einem Wert von 10 Euro zu verkaufen. Dadurch war es uns möglich allein schon dank der Unterstützung von Lehrern unserer Schule, Firmenchefs aus Reutlingen und vielen anderen interessierten

Reutlinger Bürgern, ein Startkapital von 900€ zu bekommen. Wir möchten uns für diese tatkräftige Unterstützung und den Glauben an unsere Geschäftsidee bedanken. Durch den Verkauf konnten wir gleichzeitig erste Kontakte zu verschiedenen Kooperationspartnern herstellen.

Nathan Hornstein
Unser besonderer Dank gilt Nathan Hornstein für seine tatkräftige Unterstützung beim Layoutaufbau und dessen Korrektur. Durch seine fachliche Kompetenz war es uns erst möglich, dem Buch einen besonderen Mehrwert zu verleihen. Vielen Dank dafür.

IW Köln JUNIOR
Natürlich wollen wir auch JUNIOR und dem IW Köln Danke sagen, ohne die dieses Projekt nicht möglich wäre. Von Anfang an wurden wir von ihnen begleitet. Sie haben uns beigebracht, wie man zum Beispiel eine monatliche Buchführung macht und uns einen einmaligen Einblick in das Wirtschaftsleben gewährt. Ein besonderer Dank geht auch an den kooperierenden Junior-Anwalt Frank Mühr, der sich viel Mühe gab und Zeit nahm den Autorenvertrag für uns durchzuarbeiten und auch sonst für jegliche Rückfragen immer zur Verfügung stand.

Notizen